KB048172

마음의 법칙

사람의 마음을 사로잡는
51가지 심리학

마음의 법칙

폴커 키츠, 마누엘 투쉬 지음 | 김희상 옮김

Nützliche Erkenntnisse
der Alltagspsychologie

포레스트북스

마음은 어떻게 작동하는가?

심리학의 핵심은 언제나 '사람의 마음은 어떻게 작동하는 것일까?' 하는 질문이다. 우리는 소중한 시간을 아주 다양한 일에 쓰면서도 이 질문만큼은 거의 다루지 않는다. 그 어떤 문제보다도 우리에게 절박한 질문임에도 말이다. 더불어 심리학은 우리 주변 사람들이 어떻게 작동하는지도 가르쳐준다. 이런 지식은 우리에게 아주 실용적이다. 이런 마음의 법칙을 알고 있는 사람들은 그걸 모르고 있는 사람보다 모든 면에서 훨씬 더 유리하다.

심리학이 가르쳐주는 몇 가지 요령을 터득하면 우리의 일상은 한결 더 편안하고 성공적일 수 있나. 이런 요령을 자신의 장점을 극대화하는 데 쓰든, 아니면 모두를 위한 보다 나은 세상을 만들어가는 데 쓰든, 그것은 오로지 여러분이 결정할 일이다. 두 가지 모두 가능하다. 자기 자신이, 다른 사람이 무슨 생각을 하며 어떻게 살아가는지 안다면, 적어도 자신의 인생을 통제할 수 있다.

이 책은 일상의 심리 정글을 헤쳐 나가는 데 커다란 도움을 줄 게 틀림없다. 심리학자가 쓰는 말을 배우고 사용하라! 세상을 설명할 수 있으며, 인생의 거의 모든 상황에서 도움을 얻을 수 있다. 이 책에 등장한 모든 심리학 지식은 일상에 응용할 수 있을테니 말이다. 이로써 자기 자신은 물론이고 상대방을 원하는 방향으로 이끌 수 있다. 부디 당신이 이 책을 즐겁게 읽고 분석하면서 인생에 커다란 도움을 줄 자아 인식을 얻어내길 바란다.

뮌헨과 쾰른에서
폴커 키츠 & 마누엘 투쉬

차례

Part 5

Part 1

Nützliche Erkenntnisse der Alltagspsychologie

감정을 숨기는 게
습관이 돼버린 당신에게

〔 감정 사용법 〕

> 심장에 손을 얹고 생각해보자. 당신의 감정은 얼마나 솔
> 직한가?
> 기분, 감정, 느낌 등 내면과의 관계에 우리는 얼마나 충
> 실한가? 또, 그게 왜 중요할까?

    감정은 남성이냐 여성이냐 하는 차이뿐만 아니라, 나이에 따라서도 달리 취급된다. 우리는 나이를 먹어갈수록 자기 자신으로부터 소외된다. 다시 말해서 나 자신과 멀어진다. 어린 시절에는 감정을 아주 잘 알았으나, 나이를 먹으면서 갈수록 '무감'해지는 것이다.

예를 들어 거리에서 아무 중년 남자나 잡고 물어보라. '지금 기분이 어떠세요?' 돌아오는 답은 십중팔구 '아, 글쎄 마누라가 이건 이렇고 저건 저렇고 해서……' 하는 푸념이다. 기분이 어떠냐고 물었는데, 왜 자꾸 아내를 들먹일까?

이런 예는 진솔한 감정과 이른바 '가짜 감정' 사이의 차이를 아주 명쾌하게 정리해준다. 일상생활에서 성인들은 흔히 '가짜 감정'으로 무장하는 경향이 있다. '내 느낌으로는 네가 내 말을 잘 안 듣는 것 같아.' '오해받은 느낌이야.' '내가 느끼기로는 네가 날 압박하는 것 같아.' '기분에 네가 나를 별로 진지하게 여기지 않는 것 같아.' 이런 게 '가짜 감정'의 대표적 사례들이다.

그게 뭐가 문제냐고? 그럼 차근차근 짚어보자.

우리가 쓰는 '느낀다'는 말은 사실 가면에 지나지 않는다. 실제로 우리는 자신의 느낌이 아니라 상대방에게 품은 '생각', 곧 주변 사람들을 보는 자신의 '판단'을 표현할 따름이다. 예를 들어 '내가 느끼기에 네가 날 사랑하지 않는 것 같아'라는 말은 사실 '너는 나를 사랑하지 않아'라는 내 머릿속의 생각(판단)이다. 이 말은 다시금 내 안의 깊숙한 곳에 자극, 곧 진솔한 느낌을 불러일으킨다. 어려운가? 조금만 더 나아가보자. 사랑받지 못한다는 판단을 발설한 지금 내 심정은 어떠할까? 서글프고, 비참하고, 무기력하고, 우울하다는 게 정확한 표현이리라.

바로 이런 게 진솔한 감정이다. 그러니까 먼저 확인해둘 점은 감정은 오로지 내 안에 있는 것이라는 사실이다. 그러니까 다른 사람이 무얼 어떻게 하든 그것은 내 감정이 아니다. 좀 더 냉정하게 말하자면, 내가 다른 사람이 그랬으리라고 생각하는 것 역시 내 감정이 될 수 없다.

진솔한 감정을 이야기한다는 것은 여러 가지 강점을 발휘한다. 진솔한 감정은 바로 내 안에 있는 것이기에 그 책임은 전적으로 내가 진다. 그래야 내 감정 세계를 스스로 다스릴 수 있다. 누구도 나에게서 내 감정을 빼앗을 수 없다. 만일 여자친구에게 "너는 나를 이해하지 못하는 것 같아" 하고 말한다면, 그녀는 "무슨 소리야, 난 너를 아주 잘 이해해!" 하고 대꾸할 수 있다. 반대로 "나 실망했어!"라는 말에 그녀가 무어라 할 수 있겠는가? 발로 바닥을 구르며 "아냐, 너는 실망하지 않았어!"라고 외칠까? 이처럼 진솔한 감정은 어디까지나 나의 감정이기 때문에 누구도 간섭할 수 없다.

긍정적인 진솔한 감정의 예로는 평안함, 침착함, 행복함, 생동감, 기분 좋은 흥분, 따뜻함, 사랑에 빠짐, 자유로움, 감사함, 낙관적임, 흥미로움 등을 꼽을 수 있다. 반면, 부정적인 진솔한 감정으로는 외로움, 질투, 시기, 배고픔, 탈진감, 멍함, 망설임, 우울함, 놀람, 무기력함, 두려움, 짜증, 변덕스러움 등이 있다.

어린 시절의 기억을 떠올려보자. 아이가 넘어져서 아픔을 참지 못하고 소리를 지를 때, 엄마는 보통 어떻게 반응하는가? 아이에게 달려온 엄마는 '괜찮아, 아프지 않아?'라든가, '뭐 별로 심하지 않네!' 혹은 '금방 괜찮아질 거야!' 하고 달래려든다. 그러면 아이는 아파도 아프다고 말하면 안 될 것 같다는 생각을 하게 된다. 이런 일이 반복되면 아이는 진실한 감정을 숨겨야 하는 것으로 인식한다. 어렸을 때부터 진솔한 감정과 멀어지면서 자기 자신으로부터 소외되는 것이다. 부모는 달래려고 한 말일지라도 이런 표현은 너무 위험하다. 솔직한 감정을 억누르고 주변을 의식하게 만드는 가르침은 심지어 심각한 피해를 불러올 수 있다. 돕겠다는 선의의 의도가 성장 발달을 가로막는 역효과를 초래할 수 있다.

그러니까 우리는 인생의 시작 단계에서 이미 '가져야 마땅한 감정'과 '갖지 않는 게 차라리 나은 감정'을 구분해서 배우는 셈이다. 그래서 우리의 상식은 '갖지 않는 게 차라리 나은 감정'을 억누르려 한다. 이를테면 우리 사회는 화를 내는 것을 부정적인 감정으로 취급하고 억압한다. 화를 '누군가의 뒤통수를 때리고픈 감정'과 동일시하는 탓이다.

그러나 이런 상식은 성급한 선입견이며, 많은 경우 우리의 진솔한 감정을 가로막는 태도이다. 화는 그저 뱃속에서 부글거리는 것일 뿐이어서 아무도 해치지 않을 수 있다. 중요한 것은 먼저 나의 감정을 있는 그대로 감지하고, 왜 그런 감정이 일어나는지 원인을 찾아보고, 내 인격의 일부로 받아들이는 것이다. 감정을 무턱대고 몰아내려고만 하면, 무의식에 똬리를 튼 감정은 계속해서 뒷맛을 남기며 우리를 병들게 할 수 있다.

이제 다음 단계로 넘어가 '지금 내가 느끼는 감정에는 어떤 태도를 갖는 게 적절할까?' 하는 물음을 두고 생각해볼 필요가 있다. 그런 다음 그 답으로 얻어진 태도를 연습하자. 그동안 우리는 자신의 감정에 책임을 져야 할 사람은 다른 누구도 아닌 나 자신임을 깨달았다. 이런 깨달음을 바탕으로 우리는 감정의 바다를 조화롭게 헤쳐 나갈 수 있다.

틀에 박힌 서랍 정리식 생각을 떨쳐버리고 감정을 있는 그대로 솔직하게 인정하며 '좋음' 대 '나쁨'이라는 흑백논리를 삼간다면, 우리는 누구나 자신을 있는 그대로 받아들이며 감정에 충실하게 살아갈 수 있다. 그렇다면 우리 아이들도 '멍청한 울보'라거나 '인디언은 아프다는 소리를 안 해' 따위의 터무니없는 말을 듣지 않게 되리라. 무릇 남자는 강해야 하며, 여자는 얌전해야 한다는 낡은 고정관념은 이로써 무너질 수 있으리라. 사회가 요구하는 틀에 박힌 역할에 맞추느라 다른 누구도 아닌 자신의 인생을 포기하는 일은 없어야 한다.

요컨대, 느끼는 그대로 솔직하게 느끼며 다른 누구의 것이 아닌 나의 인생을 살자. 그리고 다른 사람들의 감정도 있는 그 대로 받아들여주고, 그 어떤 평가도 하지 말자.

002

하는 일마다
되는 게 없다고 느낄 때

[리프레이밍]

중요한 일정을 앞둔 날이다. 그러나 자명종은 정신줄을 놓아버렸다. 너무 늦게 깬 것도 복장 터지는 마당에 침대에서 일어나며 살짝 발을 겹질렀다. 욕조에서 뜨거운 물로 찜질을 하고 나서야 좀 풀렸다. 서둘러 집을 나서는데 외투 단추가 떨어져 나간다. 아아, 어쩌자고 구두끈마저 풀릴까. 서류가방을 들고 곡예 하듯 헐떡이며 달렸으나, 바로 코앞에서 버스는 떠나고 말았다. 간신히 회사에 도착했는데 이번엔 승강기가 고장 났다. 최고경영진 회의가 열리는 17층까지 걸어 올라가느라 양쪽 겨드랑이가 땀으로 푹 젖고 말았다. 비슷한 '사건'과 '사고'가 저녁까지 실타래처럼 내내 이어졌다. 하루의 마무리라도 잘

하고 싶은 마음에 데이트 약속을 다음으로 미루었다. 녹
초가 된 머리를 베개에 묻으려 하는 순간 화들짝 놀라 몸
서리치며 일어섰다. 주먹만 한 크기의 검은 털 거미가 침
대 위 천장에 거미줄을 쳐놓은 게 아닌가.

이런 날의 주인공이 당신이라면 무슨 생각을 하겠는가?

솔직히 말하자. 대부분의 평범한 사람이 이런 하루를 보냈다
면 다음과 같이 탄식하지 않을까? '빌어먹을 하루!'

좋지 않은 기분과 감정일지라도 긍정적으로 받아들이는 건
중요하다. 하지만 대부분의 사람들은 이런 경우 꼬리에 꼬리를
무는 부정적인 생각의 악순환에 빠지게 마련이다. 이른바 '스스
로 실현하는 예언'이라는 악순환의 고리다. 이런 식으로는 갈수
록 모든 게 나빠질 따름이다. 그렇다면 어떻게 이 '빌어먹을 하
루'를 구출할 수 있을까?

'긍정적으로 생각하라, 그럼 모든 게 좋아진다!' 따위의 진부
한 소리는 하지 않겠다. 심리 치료에서 검증된 방법, 그것도 아
주 뛰어난 효과를 자랑하는 방법을 알려주겠다. 이 방법은 무슨
마법의 주문 같은 게 아니며, 초현실적인 자기실현의 강제를 담
지도 않은 간편한 방법이다. 따라서 누구나 매일 실행에 옮길

수 있다.

하루가 다음과 같이 지나갔다고 생각하면 어떨까? 다행히도 자명종이 멈추어버린 덕에 푹신한 침대에서 나른한 늦잠을 즐겼다. 욕실에서 살짝 겹질린 발을 주무르려 허리를 숙이다가 잃어버린 줄 알았던 50유로 지폐가 세면대 아래 떨어져 있는 게 번쩍 눈에 띈다. 풀어진 구두끈은 인터넷 가죽제품 쇼핑몰의 상품권 유효기간이 다음 주까지임을 일깨워준다. 휴! 하마터면 상품권 썩힐 뻔했다.

외투의 단추가 떨어져나간 것도 우연이 아니리라. 혹시 새로운 사랑의 시작을 알리는 전조가 아닐까?(옷 수선을 맡기러 간 가게에서 운명의 여인을 만나게 될지도 모른다.) '어허, 이거 내가 생각보다 날렵하네!' 버스정류장에서 달려오는 자전거를 피하며 보인 반사신경에 당신은 만족한 미소를 지으리라. '버스를 놓쳤네. 뭐까짓 어때, 다음 버스를 기다리는 동안 차분하게 회의 준비를 하자.' 회사 빌딩의 계단 오르기는 아침운동으로 여기면 그만이다. 땀이 잘 나는 것은 건강상태가 좋다는 청신호이다.

저녁에 잡혀 있던 데이트 약속을 미룬 것 역시 잘된 일일 수 있다. 엉망인 기분으로 데이트를 하다보면 서로 얼굴 붉힐 일이 벌어질 수 있으니 말이다. 게다가 거미는 중국에서 복을 가져다주는 영물로 떠받들어진다. 그리고 사건과 사고로 얼룩진 날 곁을 지켜주는 생명체가 있다는 사실에 감사한 마음이 들 수도 있다.

자, 생각을 바꾸어보니 어떤가? 사실 변한 것은 없다. 그러나 완전히 달라졌다.

이 두 번째 하루는 '리프레이밍Reframing'을 통해 다시 해석된 하루이다. 프레임Frame이란 사고방식이나 느끼는 방식의 '틀'을 의미한다. 그래서 '틀을 새롭게 함'이란 뜻의 리프레이밍은 틀을 바꾸어 사건을 다른 관점에서 바라보고 새로운 의미를 부여하는 것을 말한다. 심리학에서 '물구나무서기 방법'이라고도 불리는 리프레이밍은 원래 가족치료에서 비롯되었다. 사건을 완전히 다른 관점에서 바라보면서 새로운 의미를 부여하는 방식이다. 별 볼 일 없는 그림이라도 액자의 테두리를 바꾸는 것만으로도 작품의 가치가 달라 보이는 것처럼 지금까지의 낡은 테두리를 버리면, 전혀 새로운 일상이 열린다. '틀 바꾸기'는 우리가 일상에서 부딪치는 사건과 상황을 쉽게 대처할 수 있게 돕는다.

리프레이밍은 사실의 아무것도 바꾸지 못하지만, 우리가 앞으로 나아가는 것을 가로막는 부정적인 생각을 바꾸도록 도와준다. 이것이 곧 '내 힘으로 사는 인생'과 '다른 힘에 끌려 다니는 인생'의 결정적인 차이이다.

주의할 것은 이 방법을 충분히 의식해서 목표에 맞춰 활용해야 한다는 점이다. 무조건적으로 모든 것을 그저 멋지게 꾸며대라는 뜻은 결코 아니다.

먼저 자신의 느낌과 감정을 충분히 의식하자. 부정적인 느낌일지라도 허락하고 받아들이자. 그것은 나 자신의 일부이며 내 인생의 일부분이다. 그런 다음 사건을 리프레이밍하고 바꾸어라. 중요한 것은 언제나 균형을 잡는 일이다. 자질구레한 것을 두고 절망하거나 흥분하기보다 리프레이밍에 더 많은 노력을 기울이는 편이 정신건강에 훨씬 이롭다. 충격적인 사건으로 자신을 통제할 능력을 잃었다면 일단 떠오르는 감정 그대로 허락하자. 그리고 어느 정도 진정되면 분석을 하는 게 중요하다. 이 경우 재해석은 나중에 하는 편이 좋다.

'신경 언어학 프로그램$^{Neuro\text{-}Linguistic\ Programming}$'은 우리의 행동에서 나타나는 특정 사고방식과 커뮤니케이션 모델을 보다 편안하고 성공적인 방향으로 유도하는 것을 목표로 하는데, 리프레이밍은 그 안에서도 이미 효과가 검증된 방법이다.

일단 다음과 같이 시도해보자.

첫째, 자기 자신에게 실망한 나머지 '나는 할 수 없어' 라는 탄식이 절로 나온다면, 이 말에 한마디만 덧붙여라. '나는 아직 할 수 없어.' '아직'이라는 짤막한 단어 하나가 불러일으키는 효과는 엄청나다.

둘째, 도대체 세상이 왜 이런지 알 수 없어 부글부글 화가 치민다면, 다음과 같이 자문하라. '지금 이 상황이 나에게 무슨 말을 해주려는 걸까?' '이 상황에 숨어 있는 기회는 무엇일까?' 이렇게 자문하는 것만으로도 생각의 변화가 일어난다. 이런 물음이 불러일으키는 영향으로부터 영감을 얻자.

'그것으로부터 나는 무엇을 배울 수 있을까?' 하는 물음이 발휘하는 영향을 구체적으로 설명해주는 사례가 있다. 어떤 야심찬 젊은 경영 컨설턴트가 우리를 찾아와 상담을 요청했다. 이 영리한 청년은 몇 차례나 사업 제안서를 여러 기업에게 보냈으나 거절만 당했다며 절망했다. 이야기를 들어보니 그의 난처한 상황이 이해가 됐다. 그러나 우리에게 '리프레이밍'을 훈련 받은 청년의 태도는 몰라보게 달라졌다. '지금 내가 처한 상황은 일종의 훈련이다. 이 경험을 통해 나는 거절에 대처하는 법을 배우는 동시에 자신감을 지키는 법도 익힐 수 있다.' 그의 상황은 크게 달라지지 않았지만 그의 태도는 확실히 달라졌다.

진창에서 빠져나올 결정적인 한마디가 필요하다면, 로마의 스토아 철학자 에픽테토스Epiktētos의 말을 기억하자. 이 고대 철학자는 핵심을 꿰뚫고 있다. '우리를 불안하게 만드는 것은 사물이나 사건이 아니다. 그것을 바라보는 우리의 생각이 불안의 원인이다.'

003

신나는 일은 짧게,
지겨운 일은 단번에

[습관화]

연말정산, 봄맞이 대청소, 묵은 자료 정리 등 이런 짜증
스러운 일은 다들 적어도 하나쯤 경험해보았으리라.

별로 달갑지 않은 이런 상황에서 우리는 주의를 다른 곳
으로 돌릴 수 있는 일이라면 무엇이든 반긴다. 골치 아
픈 세금 계산을 하다 갑자기 생각난 쇼핑 아이템을 사기
위해 인터넷 쇼핑몰을 검색하고, 청소를 하다가 우연히
눈에 띈 책을 펼치며 회심의 미소를 짓는다. '전부터 읽
으려 벼르던 책이야! 지금이야말로 이 책을 읽을 때다!'

반대로 즐겁고 신나는 일을 하고 있다고 생각해보자. 맛
있는 식사, 럭셔리한 거품 목욕, 손에 땀을 쥐게 만드는
축구경기 등. 이때 우리는 주의를 흐리며 방해하는 모든

것을 증오한다. 절대 방해가 일어나서는 안 된다. 텔레비전에서 좋아하는 영화를 보는데 돌연 광고가 끼어든다면, 우리는 방송국을 저주한다. 광고 산업과 더불어 세상은 돌연 빌어먹을 세상으로 곤두박질친다. 그러니까 즐거운 일에서는 방해가 짜증스러운 반면, 성가신 일에서는 방해가 오히려 기쁨을 준다. 정말 그럴까?

정확히 그 반대가 진실이다! 왜 그런지 이유를 짚어보자.

먼저 한 가지 흥미로운 실험을 소개하겠다. 어머니의 뱃속에서 평화롭게 꼼틀거리던 시절로 되돌아간다고 상상해보자. 과학자들은 아직 태어나지 않은 아기에게 특정 자극, 이를테면 시끄러운 자동차 경적 소리를 들려주는 실험을 했다. 아기가 어떤 반응을 보이는지 측정하는 실험이다. 처음에 아기는 아주 강한 반응을 보였다. 그러나 자극에 노출되는 횟수가 잦아질수록, 반응은 점점 약해졌다.

이처럼 자극에 대해 태아가 보이는 반응에 심리학자들은 '습관화Habituation'라는 거창한 표현을 붙였다. 습관화는 우리의 감각을 마비시키는 힘을 발휘한다. 그래서 시간이 갈수록 자극에 대한 반응은 시들해지기 마련이다. 대개 이런 과정은 빠른 속도로 이뤄지며 습관화의 저주는 태어나기 전부터 죽을 때까지 우리를 따라다닌다.

한편으로 보면 습관화는 우리로 하여금 배움의 능력을 갖게 해주는 중요한 전제조건이기도 하다. 되풀이를 통해 몸에 익히는 게 배움이기 때문이다. 그래서 습관화는 어떤 일이든 시간이 흐르면서 그 자극을 무뎌지게 만든다. 직장에서 마케팅 제안서를 쓰든, 수술실에서 집도를 하든, 방송에서 사회를 보든, 자동차 경주에 나가 운전을 하든, 결혼해서 가정을 꾸리든, 돈을 많이 벌든, 이 모든 것에 우리는 익숙해진다. 다시 말해서 어떤 일이든 처음 할 때 느꼈던 짜릿함은 곧 사라지고 만다.

습관화에서 우리가 바꿀 수 있는 것은 없다. 그렇지만 습관화를 의식적으로 활용한다면, 우리 인생은 훨씬 편안해질 수 있다. 습관화는 불편한 일에도 적용되기 때문이다. 짜증스럽고 지루한 일이라도 시간이 흐르면 불편한 자극은 줄어들게 마련이다.

그러니까 지혜로운 사람은 즐겁고 신나는 일일수록 한번에 오래 하기보다는 간격을 두고 자주 끊어서 한다. 이렇게 끊어줌으로써 습관화로 인한 무뎌짐을 방지할 수 있기 때문이다.

믿어지지 않는다고? 그렇다면 아마도 다음 실험 결과를 읽어보면 생각이 달라지리라. 사람들을 두 그룹으로 나눈 다음, 그들이 좋아하는 영화 한 편을 보여줬다. 차이가 있다면, 한 그룹에는 영화 중간에 광고를 끼워 넣었고, 다른 그룹은 그저 영화만 보았다는 점이다. 나중에 영화를 본 소감을 묻는 설문조사가 이뤄졌다. 결과는 예상과 다르게 광고가 들어간 영화를 본 그룹이 훨씬 더 높은 만족도를 나타냈다. 광고 자체가 방해가 된다고 여겼음에도 말이다.

이런 원리는 모든 아름다운 순간에 똑같이 적용될 수 있다. 기쁨은 매번 새롭게 시작할 때, 끊어주고 다시 시작할 때 더욱 커졌다. 이렇게 본다면 한 해의 휴가를 한번에 통째로 쓰는 것은 어리석은 짓이다. 휴가 초기에는 좋겠지만 습관화의 힘이 시간이 갈수록 지루해지게 만들 것이기 때문이다. 따라서 될 수 있는 한 휴가 첫날을 많이 만드는 게 현명하다. 연차를 짧은 단위로 나누어 즐기는 전략을 써서 말이다.

부담스러운 일에는 정반대의 원리가 적용된다. 오히려 새롭게 시작할 때마다 울화가 치민다. 일을 끊어주면 습관화가 제대로 이뤄지지 않아 다시 그 일을 하려고 할 때 더 큰 고통이 따른다. 그러니까 부담스러운 일을 할 때에는 될 수 있는 한 끝까지 밀어붙이는 게 습관화 활용 전략이다. 시간이 흐르면서 저절로 부담감이 덜어진다. 그러니 즐겁고 신나는 일은 짧게 끊어서 하고, 지겨운 일일수록 단번에 끝내라! 당신의 인생이 한결 편안해질 것이다.

004

남이 하면 불륜,
내가 하면 로맨스인 이유

[기본적 귀인 오류]

친구들을 초대해 거창한 생일파티를 즐겼다. 거의 80명에 가까운 친구들이 빠짐없이 와서 축하해주었다. 자정쯤 되어 무리를 돌아보던 당신은 깜짝 놀랐다. '그러고 보니 내 여자 친구는 어디 있지?' 돌연 그녀를 저녁 내내 보지 못했다는 생각이 뒤통수를 당기게 만든다. 휴대폰을 살폈으나 여자 친구는 늦겠다는 문자메시지 한 통 보내오지 않았다. 하필이면 인생의 단 한 번뿐인 20대의 마지막 생일에! 자, 이제 당신은 무슨 생각을 할까?

□ 너무해! 내 20대의 마지막 생일에도 약속을 지키지
　않는구나! 아무튼 잊는 데는 선수야, 선수!

□ 뭔가 중요한 일이 벌어진 게 틀림없어! 그래서 오지
 못했을 거야.

첫 번째 답을 골랐다고 머쓱해하지 말자. 사람들은 대개 이런 상황에서 첫 번째 답을 고르니까. 그게 지극히 정상이다. 우리는 보통 지각의 원인이 상대방에게 있다고 본다.

이처럼 주변에서 일어나는 사건과 사람의 행동을 설명하면서 그 원인을 찾는 것을 심리학에서는 귀인^{Attribution}이라고 한다. 귀인에는 내적 귀인^{Internal attribution}과 외적 귀인^{External attribution}이 있는데, 전자는 성격, 태도, 기분 등 '사람의 내부에서 원인을 찾는 것'이고 후자는 환경적인 요인, 즉 운이라든가 돈, 날씨 등 '외부에서 원인을 찾는 것'을 말한다.

사람들은 보통 실패나 잘못을 했을 경우 그 탓을 외부로 돌리고 칭찬받을 일을 했을 경우에는 자신이 잘했기 때문이라고 말한다. 그러니까 내가 실패하면 '운이 없었기(외적 귀인) 때문'이고 타인이 실패하면 '원래 실력이 없는 사람이기 때문(내적 귀인)'이다. 반대로 내가 성공하면 '내 능력이 워낙 뛰어나기(내적 귀인) 때문'이고 타인이 성공하면 '운이 좋아서(외적 귀인)'라고 그 원인을 외부로 돌린다.

심지어 이런 경향은 아주 강해서, 스탠퍼드대학교 심리학 교수 리 로스Lee Ross는 이를 두고 '근본적인 귀속 오류Fundamental attribution error'라 부른다. 왜 '오류'라고 할까? 이런 경향은 현실을 정확히 알아보지 않고 취하는 일종의 선입견이기 때문이다. 앞선 사례처럼 우리는 여자 친구가 왜 자신을 기다리게 만드는지 알지 못하면서도 쉽게 추측한다. 어쩌면 정말 피치못할 상황이 생겼을 수 있다. 또는 교통사고로 병원에 실려 갔을 경우도 배제할 수 없다. 외부의 영향으로 빚어졌을 헤아릴 수 없이 많은 가능성이 있다. 그럼에도 우리는 굳게 믿는다. 지금 여자 친구가 늦는 것은 그녀의 성격 때문이라고!

더욱 환장할 노릇은 상대방이 특정 사건에 속수무책으로 당할 수밖에 없음을 알고 있어도 우리는 원인을 그 사람에게서 찾으려든다는 점이다.

사람들을 두 그룹으로 나누어 특정 주제에 명확한 입장을 밝히는 강사의 강연을 듣게 한 실험이 있었다. 나중에 첫 번째 그룹은 강사가 강의 주제를 직접 골랐다는 이야기를 들었다. 두 번째 그룹에게는 강사가 외부에서 지시해준 내용을 강연했다고 알려줬다. 그런 다음 실험 참가자들에게 설문을 돌려 강의 내용이 강사 자신의 의견이라고 보느냐는 조사를 했다. 물론 첫 번째 그룹의 대다수는 강사가 자신의 입장을 강의했다고 믿었다. 그러니까 강사는 자신의 의견을 솔직히 말했다고 첫 번째 그룹은 인정했다.

그런데 놀라운 것은 두 번째 그룹이 보인 반응이다. 강사가 강의 내용을 직접 고른 게 아니라고 말해주었음에도, 이들 대다수는 강사가 본인의 생각을 밝힌 강의라고 믿었다. 그게 아니라고 분명히 말해주었음에도 사람들은 강사에게서 원인을 찾으려드는 실수를 저질렀다.

'근본적인 귀속 오류'는 주로 서구권 문화에서 일어나는 현상이다. 서구 문화에 그만큼 개인주의가 강하게 뿌리박혀 있다는 반증이다. 서구인은 대개 인간이 독립적이며 자율성을 갖는 존재라고 믿는다(이른바 '자아의 독립적 이해').

반면, 동양 문화에서는 자기 자신을 다른 사람들과 하나의 공동체를 이루는 일부분이라고 이해한다. 공동체 안에서 모두 서로 의존한다고 보는 관점이다(이른바 '자아의 상호의존적 이해'). 예를 들어 일본 사람들은 대개 사건이 상황 때문에 빚어졌다고 보고, 원인을 개인에게서 찾으려들지 않는다. 그러니까 파티의 주인공이 일본인이라면 두 번째 답을 고를 확률이 높다.

'근본적인 귀속 오류'는 오해와 시비, 분노와 다툼을 부르는 주범이다. 외부상황에 따라 어쩔 수 없이 벌어진 일임에도 성급하게 상대에게 책임을 묻지는 않았는지 점검해야 한다. '내부의

원인 찾기'로 쏠리는 배경이 무엇인지 알고 비판적으로 물어보

는 법('아마도 그 어떤 외부 상황 때문에 저러는 게 아닐까?')을 배운다면,

우리는 많은 다툼과 시비를 줄일 수 있다.

005

꼴도 보기 싫은
직장 동료와 잘 지내는 법

[점화 효과]

금요일 저녁, 부부가 소파에 나란히 앉아 텔레비전을 시청한다. 마침 프로그램이 지루한 탓에 부부는 서로 은밀한 눈빛을 주고받으며 다음 단계로 넘어가려던 찰나였다. 갑자기 벽을 통해 이웃 여자의 커다란 신음소리가 들려왔다. 당신이 이런 상황에 처했다면 무슨 생각을 할까?

☐ 관절통이 정말 심각한 모양이군. 젊은 나이에 참 안됐다.

☐ 관리비 청구서가 벌써 도착했나?

☐ 섹스를 하면서 저렇게 꼭 소리를 질러야만 하나?

사람들은 대개 이런 상황이라면 가장 먼저 세 번째 경우를 떠올린다. 이웃 여자가 지금 상당히 좋아하는구나 하고 여긴다. 그러나 소음에는 세 가지 가능성 모두 어울린다. 아니, 더 많은 변수가 있을 수 있다. 그런데도 왜 우리는 '섹스'를 떠올릴까?

　이럴 때 우리가 쓰는 것이 이른바 '도식'이다. 도식이란 말하자면 물건을 정리해두는 서랍과 같다. 어떤 상황을 만나면 우리는 그동안 살아오며 축적해둔 지식 가운데 어떤 것이 맞는지 서랍에서 끄집어내본다. 그러니까 도식은 우리가 매번 새로 배울 필요 없이 상황에 재빨리 대처하도록 도움을 준다. 예를 들어 앞에 놓인 사과를 보고 뭘 해야 좋을지 고민하는 경우는 거의 없다. 하지만 단 한 번도 본 적 없는 이국적인 과일을 보고 있다면? 물음이 꼬리에 꼬리를 물 게 틀림없다. 저거 먹을 수 있는 거야? 어떻게 먹는 거지? 껍질째, 아니면 벗겨서? 껍질은 어떻게 벗기지? 속에 조심해야 하는 단단한 씨가 있는 건 아닐까? 반면, 사과의 경우 우리는 그저 '사과를 먹자' 하는 도식을 불러온다. 사과를 가지고 무엇을 어찌해야 할지 정확히 알기 때문이다.

　그러나 도식은 익히 알고 있는 상황을 다시 분석하는 수고를 줄이기 위해서만 필요한 게 아니다. 부족한 정보를 보충하는 데도 활용된다. 예를 들어 기억에 숭숭 구멍이 난 부분을 도식에 어울리는 정보로 채워 세세하게 복원할 수 있다. 때때로 그 때문에 법정에 선 증인들의 증언을 믿을 수 없게 되는 경우가 있다. 그 전설적인 사례가 교통사고에서 흔히 등장하는 '거짓 증인'이다. 이 증인이 증언하는 식은 대개 다음과 같다. '뒤에서 뻥 하는 소리가 나는 걸 들었죠. 그래서 돌아보았더니 빨간색 자동차가 파란색 차를 들이받았더군요.' 충격음을 듣고 고개를 돌린 사람이 사고 발생 과정을 목격했을 리 없다. 그런데도 마치 교통사고 현장을 두 눈으로 본 것처럼 진술하는 까닭은 예전에 비슷한 사고를 목격한 경험을 끌어들여 빠진 정보를 도식이 보충해주기 때문이다. 이 경우 증인은 자신이 사고를 목격했다고 확신한다.

그렇다면 사례처럼 옆집 여자의 신음 소리가 들리는 경우에는 어떤 도식을 선택할까? 사람들은 일반적으로 가장 최근에 겪어서 쉽게 떠올릴 수 있는 경험을 도식화한다. 그래서 범죄영화를 보고 난 다음에 집안에서 문이 삐걱거리는 소리가 들리면 도둑이 들었다고 짐작하고, 섹스를 하고 난 다음이면 이웃 여인의 신음소리를 성행위를 하며 내는 소리라고 결론짓는다.

웃음을 이끌어내는 심리도 비슷하게 작용한다. 개그맨들은 우리 머릿속에 있는 어떤 도식을 겨냥한 말이나 상황을 꾸며낸다. 그런 다음 연상되는 결과와 다른 엉뚱한 반전을 만들어 폭소를 자아내게 하는 식이다.

이처럼 도식을 활성화하는 것을 두고 '점화 효과'라 부른다. 점화는 어떤 도식에 쉽게 접근할 수 있게 만드는 프로세스이다. '점화 효과'를 다룬 고전적인 실험은 이미 1970년대에 이루어졌다. 한 심리학자가 실험 참가자들에게 '누군가 문을 두드리지만 도널드는 들어오라고 하지 않네'라는 식으로 도널드라는 사람을 애매하게 표현한 글을 보여준 다음 그를 평가하게 했다. 그리고 평가 직전에 참가자들에게 특정 표현들을 외우게 했는데 한 그룹에게는 '일을 꾸미기 좋아한다, 자신감에 넘친다' 따위의 긍정적인 말을, 다른 그룹에게는 '허풍이 심하다, 거만하다' 따위의 부정적인 말을 보여줬다. 나중에 도널드에 대한 참가자들의 평가는 그룹에 따라 극명하게 갈렸다. 좋은 뜻의 단어들을 본 참가자들은 도널드에게 긍정적인 평가를, 나쁜 의미의 단어들을 본 참가자들은 부정적인 평가를 내렸다.

이런 사례는 일상에서도 흔히 볼 수 있다. 다음과 같은 질문들을 빠른 속도로 묻는다.

눈은 무슨 색인가? — 흰색.

구름은 어떻게 보이나? — 하얗게.

집의 맞은편 벽은 어떤 색인가? — 흰색.

이제 결정적인 물음을 던진다. 암소는 뭘 마시는가? 이 질문을 들은 사람들의 대다수는 실제로 다음과 같이 답한다. 밀크!

말하자면 앞선 물음들은 점화 효과를 일으키면서 '하얗다'는 도식을 활성화시켰다. 이 도식으로부터 우리 뇌는 흰색의 액체를 이끌어낸다. 그래서 우리는 정답이 '물'이라는 걸 알면서도 '밀크'라고 답하고 만다.

여기서 흥미로운 사실은 단어를 전혀 의식하지 못할지라도 점화는 작용한다는 점이다. 예를 들어 단어를 익히게 하지 않고 화면에서 빠른 속도로 지나치듯 보여주었는데도 실험 결과는 똑같았다.

점화는 이처럼 자신이나 다른 사람들로 하여금 특정한 기본 태도를 갖게 만드는 탁월한 방법이다. 평소 보기만 해도 짜증이 나는 직장 동료와의 관계를 개선하고자 한다면, 출근에 앞서 다음과 같은 단어들을 되뇌어라. '편안하다, 유쾌하다, 재미있다, 예의바르다……' 만약 동료가 예전보다 당신을 호감으로 보게 만들고 싶다면, 긍정적인 단어들로 가상의 편지를 쓴 다음, 동료에게 그 편지를 교정보게 해보자.

연구 결과는 실험 참가자들이 미리 '배려'나 '공정함' 같은 단어들로 점화되었을 때 실제로 함께 게임을 하며 서로 협력한다는 사실을 확인했다. 만약 중요한 면담을 앞두고 있다면, 상대

를 될 수 있는 한 많은 긍정적 단어로 점화시켜라. 그러면 당신
을 보다 긍정적으로 상대해줄 게 틀림없다.

006

잘나가는 친구랑
비교하지 말아야 하는 이유

[비교의 덫]

사장 사무실 앞, 마침내 당신은 각오를 다졌다. 당신의 침대 머리맡은 '성공적인 연봉 협상의 기술'이라는 제목의 책 따위로 너저분하다. 열심히 메모해가며 체크리스트까지 만들어두었다. 협상은 수요일에 하는 게 좋다고 당신은 책에서 배웠다. 월요일은 너무 바쁘고, 금요일은 벌써 주말 분위기라 진지한 협상을 벌이기에 적절치 않다는 거였다. 이제 당신은 희망 사항을 발설했다. 사장이 벌일 반론에 대비해 이미 머릿속에 대응책도 마련해두었다. '유감이지만 요즘 재정 상황으로는 두 손이 묶인 것만 같네.' 책에 따르면 사장의 반응은 이래야 한다. 그러나 현실은 다르다. "마치 문을 박차고 들어오는 것 같군. 그래, 대체 얼마면 되겠나?" 사장이 빙글빙글 웃으며 묻는다.

"에, 그러니까 그게……" 당신은 자신도 모르게 머뭇거린다. 그리고 마침내 안간힘을 다해 "매달 1만 유로(약 1400만 원)!"라고 쥐어짠다.

매달 1만 유로?! 그거 말 된다. 지금까지 받던 것보다 세 배나 높다. 그럼 주택 대출금도 쉽게 갚아나갈 수 있고, 때때로 자신과 아이들을 위해 큰돈을 쓸 수도 있다. 이 액수라면 마침내 지속적으로 편안한 삶을 살 수 있다.

그래, 정말 그렇게 믿는가?

<hr />

한번 이렇게 가정해보자. 저 동화 같은 협상이 현실이 되어 당신은 정말 세 배나 높은 연봉을 따냈다. 1년 안에 당신은 또 연봉 협상을 구걸하지 않을 자신이 있는가?

어떤 실험은 사람들에게 다음과 같이 물었다. 'A와 B라는 세상 가운데 어디서 살고 싶은가요? A세상에서는 매년 5만 유로(약 7000만 원)를, B세상에서는 50만 유로(약 7억 원)를 벌 수 있습니다.' 여기까지야 결정하기 어렵지 않다. 그러나 이제 본격적인 고비가 나온다. A에서는 평균 연봉이 4만 유로(약 5600만 원)

이며, B에서는 100만 유로(약 14억 원)이다! 설문을 받은 사람들의 결정은 어땠을까? 당신이라면? 사람들은 대개 절대적인 가치 따위는 중요하지 않다고 여긴다. 실험에서 사람들은 5만 유로로 만족했다. 어쨌거나 다른 사람들보다 많이 벌지 않는가!

또 다른 흥미로운 실험은 사람들의 이런 선택을 신경생리학으로 증명해 보였다. 참가자들을 컴퓨터 앞에 앉게 하고 과제를 풀게 했다. 주어진 문제를 정확하게 풀면 돈을 받는다. 이때 참가자들은 재미있는 도구를 하나 얻었다. 모니터에 띄워진 작은 창을 통해 이웃이 얼마나 버는지 두 눈으로 확인할 수 있게 한 것이다. 그리고 실험을 하는 동안 두뇌의 보상체계에서 어떤 활동이 일어나는지 측정했다. 그 결과, 사람들은 자신이 돈을 얻을 때마다 기뻐했지만 가장 큰 기쁨은 이웃보다 더 많은 돈을 벌 때였다.

이런 것을 두고 심리학은 '사회적 상승 비교'라 부른다. 아무리 아름답고 좋은 것을 가졌다 할지라도 '더 위'를 바라보고 비교하는 순간 마치 버튼이라도 누른 것처럼 불행에 빠지는 현상을 일컫는다.

'사회 비교 이론'을 만들어낸 사람은 미국의 사회심리학자 레온 페스팅거Leon Festinger이다. 페스팅거는 사람은 다른 사람과 비교하면서 자기 자신을 평가한다고 전제했다. 우리가 끊임없이 남과 비교하는 이유는 바로 자신을 평가하려는 데 있다고 보았기 때문이다.

이렇게 다른 사람과 비교해서 자신을 평가하는 방법에는 세 가지 가능성이 있다.

첫째, 나를 나와 아주 비슷한 처지에 있는 사람과 비교하는 것이다. 약간 지루한 방법일 수 있지만, 자신의 현실적인 그림을 그려준다. 예를 들어 50대 초반인 남자가 자신의 운동 능력을 현실적으로 평가하고자 한다면, 20대의 프로 축구선수가 아니라 동년배를 비교 상대로 택해야 한다.

둘째, 나를 나보다 못한 사람과 비교하는 것이다. 나보다 돈을 적게 번다든지, 건강 상태가 더 안 좋은 사람과 말이다. 이런 비교는 내가 얼마나 멋지고 잘 지내고 있는지 확인해줌으로써 자존심을 높여준다.

셋째, 나를 나보다 위에 있는 사람과 비교하는 것이다. 이런 비교는 더욱 열심히 해야겠다는 의욕을 심어주기도 하지만 내가 아직 이루지 못한 게 무엇인지 의식하는 순간 자신을 불행에 빠뜨리기도 한다.

자, 이게 당신의 연봉 협상과 무슨 관계가 있을까? 스스로 생각해보라. 이 세상에는 다른 사람보다 더 많이 버는 인간이 얼마나 많을까? 그렇다. 언제나 한 명 이상이 있다! 아무리 연봉이

상승해도 나보다 더 많이 버는 사람이 있다는 한계는 극복할 수 없다. 그러니까 더 나은 방법은 연봉 협상이 우리 인생의 행복에 환상적인 영향을 준다는 지나친 기대를 접는 것이다. 그러면 사장이 책에 나오는 반응처럼 '안 돼!'라고 해도 그다지 나쁠 게 없다.

될 수 있는 한 자주 사회적 비교의 두 가지 형식을 염두에 두자. 상승 비교가 불행을 낳는다면, 의도적인 하향 비교는 우리의 기분을 손바닥 뒤집듯 바꾸어놓는다. 그뿐만 아니라 하향 비교를 할 때 비로소 우리는 인생의 아름다움을 발견하고 우리에게 주어진 게 얼마나 소중한 선물인지 깨닫는다. 게다가 감사의 마음까지 느낀다. 만약 가까운 주변에서 하향 비교의 상대를 찾지 못한다면, 그냥 간단하게 텔레비전을 꺼라!

사람들이 당신을
환영해주길 바라는가?

[안면 피드백 이론]

다음 상황을 머릿속으로 그려보며 당신이라면 어떤 느낌을 가질지 생각해보라.

- 시험을 망쳤다.
- 면접을 형편없이 보았다.
- 배우자가 당신을 속였다.
- 자녀가 당신을 매정하다고 비난한다.

자, 어떤 느낌이 드는가? 잘 모르겠다면 가장 좋은 방법은 잠시 거울을 보는 것이다. 아마도 비참하고 우울한 나머지 접시 물에 코 박고 죽고 싶으리라. 이상할 거 없다.

자연스러운 반응이다. 지금부터 싫은 일을 당해도 불쾌한 기색을 보이지 않는 게 이 같은 상황에서 얼마나 큰 도움이 되는지 알려주겠다.

내면에 충실하면서 느낌을 진솔하게 받아들이고 다른 사람을 존중해주는 것은 자신의 정신 건강을 위해 대단히 중요한 일이다. 그럴 수 있는 충분한 준비를 끝냈다면, 두 번째 단계는 적극적으로 자신의 감각과 지각을 원하는 방향으로 바꾸어가는 일이다. 그러기 위해서는 먼저 시급히 이 속설부터 지워야 한다. '마지막으로 웃는 사람이 가장 잘 웃는다!'라는 미신 말이다. 맨 마지막에 웃는 사람은 가장 짧은 기쁨을 누릴 뿐이다. 우리 인생을 살 만한 것으로 만드는 건 바로 기쁨 아닌가. 기쁨이 우리를 돕도록 만드는 게 얼마나 간단한 일인지 확인해보자.

인생은 그 어떤 꾸밈이나 과장 없이 있는 그대로 받아들여야 한다. 그리고 우리와 더불어 사는 이웃도 있는 그대로 받아들여줘야 한다. 다른 사람을 내 생각대로 바꾼다는 것은 안타깝지만 말이 되지 않는 이야기이다. 대체 언제 당신이 사장을 바꾸었는가? 시어머니가 당신 생각대로 바뀌던가? 아이들이 원하는 대로 고분고분 따라주던가? 차라리 나 자신에게 집중하는 편이 훨씬 낫다. 다시 말해서 나 자신의 생각과 느낌에 집중하자. 먼저 우리 내면에서 변화가 일어나야 바깥, 곧 다른 사람의 변화를 끌어낼 수 있다.

아침에 기분 좋게 잠자리에서 일어나고 싶은가? 기쁜 마음으로 출근하고 싶은가? 회의에 들어서며 행복감을 느끼고 싶은가? 퇴근하고 집으로 돌아왔을 때 환하게 맞아주는 가족 얼굴이 보고 싶은가? 사람들이 당신을 환영해주길 바라는가? 주변 사람들과 솔직하고 생동감 넘치는 대화를 나누고 싶은가? 모두에게 존경받고 싶은가?

운명이 때마침 당신에게 얼마나 다채로운 걱정거리를 나누어줬는가에 따라 이런 생각들은 아마도 조금 사치스러워 보일 수 있다. 그러나 언제나 유념하자. 실제로 당신은 그런 것을 요구할 권리를 가졌다!

기쁨은 참으로 아름다운 기분이다. 가슴이 따뜻해지는 기분 좋은 느낌이랄까? 기쁨의 순간 우리 마음의 모든 욕구는 충족된다. 기쁨은 무언가 만족스러운 일에 일어나는 자발적이고도 자연스러운 감정 반응이다. 그 만족스러운 것은 어떤 일일 수도 있고, 사람이기도 하며, 생각만 해도 미소가 저절로 떠오르는 추억이기도 하다.

웃음은 기쁨과 만족감을 드러내는 가장 자연스러운 표현이다. 웃음은 특히 다른 사람들과 더불어 있을 때 그 효력을 발휘한다. 심지어 의학은 웃음을 치료의 보조수단으로 사용할 정도이다. 그렇다, 웃음은 건강하다! 과학은 웃음이 많은 질병의 치유과정에 도움이 됨을 입증했다. 만족감의 상승으로 스트레스가 해소되고, 호르몬의 왕성한 분비는 면역체계를 강화해 질병을 예방한다. 더 나아가 웃음은 혈액순환을 활성화하고 횡격막과 목청, 얼굴과 배 근육 등을 강화한다. 이 모든 현상은 무엇보다도 혈압을 끌어올려 핏속의 산소량이 풍부해지게 만들고 하복부 영역에서 일종의 마사지 효과를 낸다. 특히 웃음은 통증을 현저히 줄여준다.

이런 모든 현상은 이른바 '안면 피드백 이론'으로 집약된다. 이 이론은 미국의 심리학자 실반 톰킨스^{Silvan Tomkins}가 1960년대에 개발한 것이다. 이 이론의 핵심은 우리의 감정 체험이 얼굴 표정에 영향을 받는다는 것이다. 따라서 우리는 표정을 통해 우리의 감정을 조절하고 원하는 방향으로 이끌 수 있다. 기분이 좋을 때에만 웃는 게 아니라, 웃음으로써 기분을 좋게 만들 수 있는 것이다.

웃기 위해서 누군가 반드시 기막힌 농담을 해야만 할 필요는 없다. 우리 표정은 느낌 체계와 직접 맞물려 있기 때문이다. 기분을 끌어올리는 데에는 입 꼬리를 살짝 들어주는 기계적인 움직임만으로도 충분하다. 눈은 굳이 따라 웃을 필요가 없다. 입꼬리만 올려줘도 우리 두뇌는 좋은 느낌을 저절로 만들어낸다. 이런 효과는 실험을 통해서도 입증되었다. 지금 당장 입술 모양을 미소 지을 때처럼 만들어보자. 만족한 얼굴 표정으로 세상을 거닐어보는 거다. 그러면서 내면 깊숙한 곳에서 어떤 느낌이 올라오는지 느껴보라.

놀라운 사실은 또 있다. 이런 표정 변화가 다른 사람들과의 만남을 어떻게 바꾸어놓는지 관찰해보면 알 수 있다. 웃음과 기쁨이 강한 전염성을 자랑한다는 것은 누구나 익히 알고 있는 사실이다. '가는 말이 고우면 오는 말도 곱다'라는 속담이 있듯이 말이다. 동료든 상사이든 배우자이든 여자 친구든 이웃이든, 당신이 마주하는 상대방은 당신의 웃음과 미소에 그대로 화답한다. 그리고 무의식적으로 당신을 친절하며 균형 잡힌 사람이라고 평가한다. 이런 만남이 편안하고 만족스러운 방향으로 이루어지는 것은 당연한 일이다. 곧 당신의 태도가 상대의 태도를 바꾼다. 그럼 이런 친절함, 상냥함, 공손함, 존중 등으로 이득을 보는 쪽은 누구일까?

당연히 당신 자신이다!

'웃음 없이 지낸 하루는 잃어버린 하루이다!' 이 말을 한 찰리 채플린은 웃음의 효과를 익히 꿰고 있었던 게 틀림없다.

타인을 내 뜻대로 바꿀 수 있는
유일한 방법

[자기 충족적 예언]

옛날에, 병에 걸리는 것을 몹시 두려워하는 남자가 살았다. 어느 날 그는 몸이 너무 안 좋은 나머지 자신이 이미 죽은 것은 아닐까 덜컥 무서운 생각을 하게 되었다. 완전히 기운을 잃은 남자는 아내에게 갔고 아내는 남편의 손을 꼭 잡고 웃으면서 사랑을 듬뿍 담아 이렇게 말해주었다. "당신 손이 아직 따뜻한 것으로 미루어 죽은 게 아니에요." 성탄절을 얼마 앞두고 남자는 크리스마스트리로 쓸 전나무를 구하러 숲으로 갔다. 한창 나무를 베다가 이마에 난 땀을 닦던 남자는 등줄기를 타고내리는 전율을 느꼈다. 손이 얼음장처럼 차가웠기 때문이다. 놀란 남자는 도끼를 내려놓고 생각했다. '뭐 하러 나무를 베지? 이렇게 손이 찬 것을 보니 성탄절 전에 나는 이미 죽을 텐데.' 남자는 두 손을 열심히 문질러 열을 낸 다음, 빈손으로 집에 돌아갔다.

‘자기 충족적 예언’은 어떤 예언이 있다는 사실만으로 그 내용이 현실로 나타난다는 것을 뜻한다. 그러니까 예언이 원인으로 작용해 실제 결과를 이끌어내는 셈이다.

다음과 같은 실험이 있었다. 학생들을 두 그룹으로 나눈 다음, 한 그룹의 아이들에게는 너희가 최고라고 말해주었다. 그러자 학기를 끝낼 때 이 그룹 학생들의 지능지수는 실제로 몰라보게 향상되었다. 반면, 아무런 말을 해주지 않은 그룹에는 그 어떤 변화도 일어나지 않았다. 심리학에서는 이 효과를 처음으로 발견해낸 미국 심리학자 로버트 로젠탈[Robert Rosenthal]의 이름을 따서 ‘로젠탈 효과’라고 부른다. ‘로젠탈 효과’는 다른 말로 ‘피그말리온 효과[Pygmalion effect]’라고도 한다. 자신이 만든 여인상을 사랑한 피그말리온의 정성에 감동해 여신 아프로디테가 조각상에 생명을 불어넣어줬다는 신화에서 따온 명칭이다. 이처럼 타인의 기대나 관심으로 능률이 오르거나 결과가 좋아지는 현상이 ‘자기 충족적 예언’이다.

그렇다면 '자기 충족적 예언'은 어떻게 이뤄질까? 이 현상을 설명할 실마리는 따먹지 못하는 포도를 보며 분명 맛이 시다고 우기는 이른바 '인지부조화 이론'※에서 찾을 수 있다. 칭찬과 격려를 받은 학생들은 그렇지 않은 그룹에 비해 훨씬 더 부지런하고 높은 집중력을 자랑했다. 칭찬과 기대에 어긋나지 않으려 노력했기 때문이다.

예언은 종종 우리에게 분명하게 전달되지 않는다. 그저 상대방의 평범한 말에서 우리가 예언을 이끌어낼 뿐이다. 다시 말해서 상대방의 일상적인 말에 담겨진 기대를 읽어내는 식이다. 인간은 그것을 기꺼이 일반화하는 경향이 있다. 그래야 일상생활을 쉽게 해나갈 수 있기 때문이다. '이런 상황에서는 의당 상대가 이런 기대와 바람을 갖겠지' 하고 무의식적으로 결론을 이끌어낸다. 그래서 '아, 저 말은 이런 뜻이겠구나' 하고 지레짐작을 한다. 예를 들어 과학 연구는 인간은 몸매가 매력적인 사람을 보면 친절하고 예의도 바르고 성격도 긍정적일 거라고 생각하

※   Theory of Cognitive dissonance: 1950년대에 심리학자 레온 페스팅거가 주장한 이론. 사람은 자신의 태도와 행동 사이에 모순이 존재할 때 이런 비일관성을 불쾌하게 여겨 이를 감소시키려 한다는 게 주된 내용이다. 여우가 따먹지 못하는 포도를 두고 분명 시다고 우기는 것이 인지부조화의 대표적인 예이다. — 옮긴이

는 경향을 보인다는 점을 입증했다. 이런 맥락에서 볼 때 이른바 '후광 효과'도 중요하다.

한번 이런 상황을 그려보자. 열차 여행을 하는데 옆자리에 아주 매력적인 젊은 여성이 앉았다. 이미 우리의 머릿속에는 일반화라는 틀이 작동한다. 그래서 친절하고 예의바른 미녀와 대화를 나누고픈 기대에 부풀어 먼저 친절하고 예의바른 태도를 취한다. 대화를 나누어보니 그녀는 정말 친절하고 예의 발랐다. 결국 일반화한 틀의 영향으로 그에 어울리는 태도를 가진 덕에, 상대방에게서 같은 반응을 이끌어냈다. 이렇게 해서 예언은 그 내용을 스스로 충족시키는 결과를 빚는다.

이른바 '점'이라고 하는 것도 '자기 충족의 예언'이라는 원리로 설명할 수 있다. 예를 들어 운세가 '다음 주에 당신은 부상을 당할 염려가 있다'면, 실제로 다칠 확률이 높아진다. 부상을 당할까 두려운 나머지 집중하지 못하고 허둥대다가 실제로 발을 헛디뎌 어딘가에 충돌하고 마는 것이다.

이른바 풍문이라고 하는 것이 바람을 불러일으키는 방식도 비슷하다. 긍정적이든 부정적이든 말이다. 예를 들어 누군가 '다음 주에 ABC 은행이 파산한단다'는 헛소문을 퍼뜨린다면, 그때까지 튼튼했던 은행이 실제로 파산하는 일은 얼마든지 벌어질 수 있다. 소문을 들은 채권자와 고객이 서둘러 돈을 빼돌리기 때문이다.

'자기 충족적 예언'과 아주 비슷한 것으로는 '플라세보 효과 ^{Placebo effect}'를 꼽을 수 있다. 아무런 약효를 갖지 않은 물질로 만든 가짜 약임에도 환자에게 좋은 효과를 나타내는 '플라세보 효과'는 순전히 심리적인 바탕에서 일어나는 현상이다.

이 모든 사례는 우리의 생각이 얼마나 대단한 힘을 갖는지 보여준다. 생각의 힘이 이처럼 엄청나다면 인생에서 도저히 통제할 수 없는 것 역시 통제할 가능성이 있는 것으로 보아야 하지 않을까?

부정적인 생각이 부정적인 결과를 불러온다면, 긍정적인 생각으로 우리 인생을 적극적으로 꾸며가는 일도 가능하지 않을까? 만족과 행복을 위해 긍정적인 생각을 최대로 잘 활용할 필요가 있다. 주저 말고 시도해보라. 매일 아침 하루를 시작하기에 앞서 자신에게 주문을 걸어라. '오늘 나는 아주 친절한 사람들만 만날 거야!' '오늘은 성공하기로 이미 예정된 날이야!' 아니면 그저 간단하게 '나는 진정으로 행복해!' 하고 외쳐보자.

사람들을 상대할 때에도 '자기 충족적 예언'을 얼마든지 활

젖당, 녹말, 우유, 증류수 따위의 약리학적으로 아무런 효능이 없는 물질로 만든 것을 약으로 속여 환자에게 투여해 유익한 작용을 보는 효과. 라틴어 '플라세보'는 '내 마음에 들다'라는 뜻이다. ─ 옮긴이

용할 수 있다. 앞서 언급했던 학생들과의 실험을 떠올려보자. 어떤 사람이 특정한 좋은 성격을 보여주기 원한다면, 드러내놓고 그런 성격을 칭찬하라. 상대방은 어느덧 자신도 모르게 그런 성격을 보여주려 노력할 게 틀림없다. 칭찬을 받은 사람은 그 칭찬에 부응하기 위해서라도 그런 성격이 되도록 노력한다. 그만큼 당신의 칭찬에 자부심을 느끼기 때문이다. 동료가 고객을 좀 더 친절하게 응대해주기 바란다면, 간단히 다음과 같이 말해보라. "A 씨, 고객과 정말 정감 넘치게 대화를 나누시네요. 그런 친절함은 누구도 따라 하기 힘들 거예요."

어떤 변화가 일어날지 지켜보자. 좋은 쪽으로의 변화에 내기를 걸어도 좋다.

행복한 부부일수록
반드시 지키는 것

[지각적 범주화]

요즘 당신은 파트너와 얼마나 자주 섹스를 하는가?

☐ 유감스럽게도 시간당 한 번밖에 하지 못한다. 중간중
  간 식사도 해야 하고 업무도 처리해야 해서…….

☐ 일주일에 한 번.

☐ 섹스? 그게 뭔지 위키피디아에 검색을 해봐야만…….

대개 알고 지낸 시간이 길어질수록 답은 아래쪽을 향하게 마련이다. 관계가 오래될수록 서로에게 느끼는 자극은 줄어들게 마련이다. 그래서 친구들은 내 아내를 보고 눈이 휘둥그레지며

음험한 상상을 할지라도, 남편은 심드렁하게 침대에 나란히 누워 광고전단이나 읽는 게 유일한 관심사가 되는 지경까지 이르고 만다.

어쩌다가 이런 비극이 빚어지고 말았을까? 먼저 달갑지 않은 사실부터 지적하지 않을 수 없다. 곧, 사람은 누구나 나이를 먹어가면서 매력을 잃는다. 미안하지만 바로 당신에게도 적용되는 이야기이다. 서로에게 흥미를 잃는 일은 특히 아주 오래된 관계에서 벌어진다.

성적인 매력이 시간과 더불어 줄어드는 주된 원인은 습관화이다. 다시 말해서 서로에게 길들여지다 보니 시들해지는 것이다. 이런 현상을 우리는 이미 살펴본 바 있다. 그리고 안타깝게도 습관화는 20년 이후부터 시작되는 게 아니라, 최초의 만남에서부터 발동이 걸린다. 그래서 우리 파트너는 사실 첫 만남부터 서서히 매력을 잃어간다. 그리고 만남의 횟수를 거듭해갈수록 사정은 더욱 나빠진다. 반복하고 되풀이하는 일일수록 우리는 흥미를 잃고 마니까.

과학자들은 다음과 같은 흥미로운 실험을 했다. 사람들에게 여러 가지 맛의 사탕을 나누어주고 사탕을 즐기게 했다. 컴퓨터 모니터는 각 실험 참가자가 얼마나 많은 사탕을 먹었는지 헤아리는 카운터를 보여줬다. 참가자들은 두 그룹으로 나뉘었다. 한 그룹에게는 먹은 사탕의 개수를 맛과 상관없이 총합해 나타내게 했다. 다른 그룹에게는 맛 종류 별로 숫자를 구분하게 했다. 이를테면 '체리 사탕', '오렌지 사탕', '키위 사탕' 등을 각각 소비된 개수만큼 쓴다. 그리고 실험 참가자는 사탕을 먹을 때마다 그 맛이 어떤지 평가했다. 결과는 놀라웠다. 하위 카테고리들로 세분된 사탕들, 다양한 종류의 사탕을 각각 구별해가며 먹은 사람은 그저 소비된 사탕의 총 개수만 알고 있는 사람에 비해 훨씬 큰 만족도를 보여줬다.

객관적으로 보자면 사탕 맛은 먹은 전체 개수만 알든, 맛에 따라 개수를 구분해 세었든 똑같아야 한다. 세는 방법만 바꿨을 뿐인데 어떻게 다른 결과가 나왔을까?

다양한 카테고리로 나누어 사탕을 맛본 사람은 각 개별적인 맛의 차이에 집중하기 때문에 사탕 먹는 것을 '반복'이라고 덜 느낀다. 반대로 비교 그룹의 사람들은 모든 사탕을 단 하나의 카테고리로 헤아린 탓에 사탕은 다 똑같다고 여겨 쉽게 지루해진다. 이들에게 사탕을 빠는 일은 단지 반복에 지나지 않았던 것이다. 다시 말해서 습관화가 행복감을 앗아가 버렸다.

이 실험 결과가 우리의 섹스 일상에 어떤 의미를 가질까? 습관화 효과는 미세한 차이를 주목하고 보다 섬세한 하위 카테고리를 만듦으로써 줄어든다. 결국 섹스를 신선하게 만드는 방법은 간단하다. 모든 은밀한 만남을 섹스라고 뭉뚱그리지 말고, 차별화를 꾀해 다양한 하위 카테고리를 만들어두는 게 비결이다. 예를 들어 '낮거리', '폰섹스', '욕조 애무', '굿 나이트 키스', '깨우기 인사' 등으로 변화를 꾀하는 식이다.

섹스에 적용되는 이런 방법은 일상의 어떤 것에도 응용할 수 있다. 예를 들어 일주일에 세 번씩 운동을 하기로 했다고 하자. 그러나 이내 지루해지는 통에 계획은 속절없이 무너지고 만다. 매주 첫 운동을 하고 나서 당신은 아마도 '이번 주 운동은 벌써 했어' 하고 생각할 게 틀림없다. 그러지 말고 하위 카테고리를 만들자! 월요일에는 '수영'을 가고, 수요일에는 '웨이트 트레이닝'을 하고, 금요일에는 '조깅'을 하자.

정원 일이 지루하거든 일정표에 절대 '오후 3시~6시 정원 일'이라고 메모하지 말자. 그 대신 '오후 3시~4시 장미 가지치기', '오후 4시~4시 30분 잔디 깎기', '오후 4시 30분~6시 화원에서 봄꽃 화분 고르기' 라고 구체적으로 계획을 세워라. 이렇게만 해도 당신 인생은 훨씬 더 신선해진다. 이런 효과는 실험을 통해 여러 차례 입증되었다!

반대로, 어떤 일을 덜 흥미롭게 만들고 싶다면 카테고리를 세분화하지 말고 하나로 뭉뚱그려라. 예를 들어 식사를 줄이고 싶으면 '점심에는 스테이크를 먹었으니까, 지금은 전혀 다른 것, 이를테면 초콜릿을 먹어야지!' 하고 생각하지 말라. 오히려 다음과 같이 생각하는 게 훨씬 더 효과적이다. '아까 먹었는데 지금 또 먹고 싶지 않아. 그건 너무 지루해.'

010

'동의하지 않음'이
곧 당신에 대한 공격은 아니다

[적극적 경청]

최근에 누구와 다투었는가? 가족, 동료 혹은 친구와 무
슨 일로 싸웠는지 기억을 더듬어보라.

- 당신이 원한 건 무엇인가? 어떤 게 당신 의견이었나?
  뭐가 당신에게 중요했는가?
- 상대방은 무엇을 원했는가? 상대의 의견은 무엇이었
  나? 상대는 무엇을 중요하게 생각하는가?

첫 번째 물음의 대답은 당신 자신이 정확히 알고 있으리라.
그럼 두 번째 물음의 경우는 어떤가? 분명 대답하기 쉽
지 않을 것이다. 왜 그럴까? 이 물음에 집중하면 해결의

실마리를 잡을 수 있다.

사람들은 대개 다툼이 있고 난 다음에 상대방이 정확히 뭘 원했는지 잘 기억하지 못한다. 우리는 종종 언쟁을 벌이며 상대의 면전에 이렇게 말한다. "도대체 뭘 바라고 그러는 거야? 참 알 수가 없네." 아마도 지금 당신은 속으로 이렇게 자문하리라. '그게 뭐 어때서? 그게 그렇게 나쁜가?' 하기야 우리는 저마다 자신의 입장만 내세우며, 상대의 의견은 될 수 있는 한 무시하려는 경향이 있다.

'그렇게 나쁜가' 하는 물음에는 한마디로 답하겠다. '최악이다!' 실패한 결혼생활의 대부분은 바로 이 문제가 결정적 원인이다. 직장에서 다툼이 벌어지는 이유도 이것이다. 직장에서의 대인관계는 원리적으로 보자면 일종의 '부부관계'로 볼 수 있기 때문이다. 그 상대가 사장이든 동료든 고객이든 말이다. 이런 관계의 대부분은 안타깝게도 별것 아닌 진부한 일로 인해 무너진다. 그러나 동시에 커다란 강점을 자랑하기도 한다. 몇 가지 간단한 근본규칙만 지킨다면 이런 실패를 막을 수 있기 때문이다. 그럼 왜 상대방의 말을 잘 듣지 않으려 하는지 그 맥락을 좀 더 자세히 들여다보자.

먼저 한 가지 간단한 테스트를 해보자. 이른바 '사형 테스트'라고 하는 것이다. 우리는 왜 사람들이 사형 제도를 찬성하는지 100% 이해한다고 주장한다. 당신은 무엇이 사형을 원칙적으로 찬성하게 만든다고 여기는가?

우리가 강의나 세미나에서 이런 물음을 던지면 앞 다투어 여러 가지 주장이 등장한다. '충격 효과'라거나 '재범 방지', '사회적 비용 절감' 등등. 그러나 우리끼리니까 솔직하게 이야기해보자. 만약 어떤 잔혹 행위로 가까운 사람을 잃은 피해자가 있다고 해보자. 지금 그는 감정적으로 폭발지경의 심각한 트라우마를 앓고 있다. 그렇다면 이 사람이 간절히 복수하고 싶어 하리라는 것은 쉽게 예측할 수 있다. 우리는 안타까운 피해자의 마음을 100% 이해한다.

이제 이렇게 이야기해보자. 독자 여러분은 우리 필자 두 사람을 개인적으로는 모른다. 하지만 우리가 쓴 다른 책들을 읽고 대략적인 인상을 그리고 있는 독자도 있으리라. 그런 분께 묻겠다. 우리는 사형을 몇 퍼센트로 찬성할까? 우리의 입장은 정확히 이렇다. 0%! 전혀 찬성하지 않는다. 우리는 사형을 전적으로 반대한다. 이로써 결정적인 점이 무엇인지 분명하게 드러난다. 우리 인간은 어떤 입장을 100% 이해하면서도 동시에 0% 수용하지 않을 수 있다. 우리 머릿속에 일종의 가위 같은 게 있

는 셈이다.

이해는 하나 찬성은 하지 않는다? 유감스럽게도 우리는 이런 간단하면서도 동시에 본질적인 진리를 잊고 살아간다. 인간관계에서 빚어지는 심각한 오해는 주로 상대의 말을 경청한다는 게 곧 '찬성'이며, 이해를 한다는 게 바로 '동의'하는 것이라고 여기는 데서 생겨난다.

남의 말을 잘 들어주면 그것이 곧 자신의 입장을 포기하는 것이라고 생각하는 탓에 공감이라는 게 어려워진다. 그렇다 보니 우리는 남의 말을 귀 기울여 듣는 것을 힘들어 한다. 상대방의 의견에 동의를 해야만 하는 것은 아닐까 하는 두려움 때문에 말이다. 남의 의견에 동조해서 자신의 입장을 포기한다는 것은 패배나 다름없는 일이다.

그러나 이런 생각은 완전히 잘못된 관점이다! 상대의 말을 경청한다는 게 완전히 무해하며 심지어 큰 도움이 된다는 사실을 명확히 인식한다면, 우리는 상대방을 더욱 잘 알 수 있으며 보다 더 친근해져 좋은 관계를 만들어갈 수 있다.

요점만 간추려 보자. 집이나 직장 혹은 거리에서 상대와 다투는 일이 벌어지게 되면, 경청과 찬성이 서로 다른 것이며, 이해와 동의가 확연한 차이를 갖는다는 점을 생각하라. 머릿속의 가위를 떠올리라는 말이다. 상대방의 이야기를 귀 기울여 듣고 그의 입장을 헤아려보고 공감하려 노력하자. 충분히 듣고 난 다음에도 얼마든지 당신의 주장을 펼칠 수 있다.

Part 2

Nützliche Erkenntnisse der Alltagspsychologie

011

잘못된 선택임을 알고도
끝끝내 버티는 마음

[인지부조화]

새 구두를 한 켤레 장만했다. 대단히 비싼 명품 구두이다. 사실 사장 때문에 화가 치민 나머지 분풀이로 질러버렸다. 서둘러 매장으로 들어가 평소 눈여겨둔 명품 구두를 집어 들었다. 계좌에 폭탄이 떨어지리라는 염려 따위는 안중에도 없었다. 그러나 아뿔싸, 이를 어쩌면 좋은가. 분명 맞는 사이즈를 골랐음에도 발이 들어가지 않는다. 교환을 하려면 영수증이 필요한데 매장을 나서면서 아무 생각 없이 영수증을 쓰레기통에 버리고 말았다. 한 달 봉급의 절반이나 잡아먹은 이 구두를 영수증도 없이 어쩌면 좋은가?

이제 당신 머릿속에서는 어떤 일이 벌어질까?

☐ 빌어먹을, 왜 나는 항상 이렇게 정신이 없지? 구두가 맞지 않는다는 것을 매장에서 확인했어야지! 하긴 37년이라는 인생을 늘 이 모양으로 살아왔다. 영수증을 버리다니 어쩜 이렇게 멍청할까? 저 비싼 구두를 이제 교환도 못 하겠구나!

☐ 그냥 너무 긴 하루를 보냈더니 내 발이 부은 것뿐이야. 오늘 진짜 많이 걸어야 했잖아. 내일 아침이면 구두가 맞을 거야. 평소 얼마나 갖고 싶었던 구두야! 그것만으로도 충분해.

연구 결과에 따르면 사람들은 대개 두 번째 답을 고른다고 한다. 왜 우리는 굳이 변명까지 꾸며대며 자신의 상황을 그럴싸하게 합리화하려고 할까?

슈나이더 부인은 37년의 결혼생활 동안 체중이 세 배나 불었고 머리 위에 난 것보다 등에 난 털이 더 많은 남편을 어떻게 여전히 매력적이라고 여길까? 매일 소란과 소동으로 골치 아프게 만드는 아이들을 그래도 예뻐하는 우리의 심리는 무엇일까? 정신병원이나 다름없는 회사에 넌덜머리를 내면서도 어떻게 우리는 매일 사장과 동료들을 친절하게 대할까?

이런 궁금증을 풀어줄 답은 바로 우리 자신 안에 있다. 1957년 미국의 심리학자 레온 페스팅거$^{Leon Festinger}$가 주장한 '인지부조화$^{Cognitive dissonance}$' 이론에 따르면 어떤 목적을 이루기 위해 최선을 다했음에도 그 결과가 신통치 않을 경우 우리는 인지 부조화 상태에 놓이게 되고 그 모순을 합리화하려 든다.

다음의 예를 살펴보자. 담배를 피우는 애연가가 있다. 그는 담배를 좋아하지만, 동시에 흡연이 건강을 해치며 주변 사람들에게도 부담을 준다는 사실을 잘 안다. 이렇게 대립하는 생각들이 인지부조화를 일으킨다. 그럼 이제 어떻게 해야 생각의 조화를 이끌어낼까? 물론 담배를 끊어야 하지만, 그게 생각처럼 간단한 일이 아니다. 그럼 대체 어떻게 해야 할까? '담배를 피우면 마음이 편해져'라든가, '담배를 피우면서도 90살 넘게 산 사람들을 알아' 따위의 핑계를 내세우며 생각의 조화를 꾀하는 게 일반적인 경향이다. 이런 식으로 둘러대면서 계속 담배를 피우며 인지부조화를 합리화하는 것이다.

이처럼 사람들은 자신이 뭔가를 잘못하고 있다고 느끼더라도 스스로를 합리화하려는 경향이 있다. 지금까지 거기에 들인 시간이나 돈을 헛된 것으로 만들지 않기 위해 어떤 대가를 치르더라도 그 행동을 계속 밀고 나가는 것이다.

다음 실험은 인지부조화를 줄이려는 심리의 바탕을 아주 분명하게 보여준다. 참가자들을 두 그룹으로 나누어 토론을 벌이게 했다. 그런데 실험에 앞서 참가자들은 일종의 '시험'을 치러야 했다. 첫 번째 그룹이 통과해야 하는 시험은 어려웠고 반대로 두 번째 그룹의 시험은 쉬웠다. 시험에 이어 두 그룹은 스피커를 통해 '토론'에 참여했다. 이 토론은 의도적으로 아주 재미없으며, 될 수 있는 한 지루하게 꾸몄다. 내용으로 보면 하나마나한 시간낭비였다. 이후 참가자들로 하여금 토론을 평가하게 했다. 어느 쪽 그룹이 토론을 더 나쁘게 평가했을까?

가장 큰 인지부조화에 시달린 사람은 바로 어려운 시험을 치른 참가자였다. 토론이 끝나고 이들이 보인 첫 반응은 이랬다. "시험도 어려웠는데, 이런 지루한 토론까지 하게 만들다니 이건 뭐 무슨 벌을 주는 것도 아니고……." 그러나 어느 정도 시간이 지난 다음 다시금 평가하게 한 결과는 달랐다. 시험은 되돌릴 수 없었지만 토론 평가는 언제라도 새롭게 할 수 있게 했더니 이제 이들은 이렇게 말했다. "시험은 정말 어려웠어. 그렇지만 그 대가로 흥미진진한 토론을 하게 해준 거야." 그러니까 이들은 인지부조화로 빚어진 자신의 난처한 사정을 합리화함으로써 생각의 조화를 이끌어냈다.

반대로 쉬운 시험을 치른 참가자들은 인지부조화를 전혀 느끼지 않았다. '나는 별로 투자한 게 없으니까, 많은 걸 얻지도 않

은 거야. 그럼 됐지, 뭐!'

어떤 일에 투자한 노력이 크면 클수록, 우리는 그것에 해당하는 가치를 높게 매기는데, 이런 현상을 심리학자들은 '매몰 비용의 오류Sunk cost fallacy'라고 부른다. 매몰 비용의 오류에 빠지게 되면, 사람들은 흔히 싼 게 비지떡이지 하는 표현을 쓰면서 투자한 노력을 정당화한다.

이런 현상은 대학교 입학에서도 관찰할 수 있다. 인기가 높은 학과에 입학하려면 지원자는 아주 좋은 성적을 자랑해야만 한다. 물론 시대의 인기 직종에 따라 선호하는 학과가 달라지기는 하지만, 지원율이 높은 학과에는 그만큼 좋은 성적을 가진 학생이 유리하다는 사실은 변함이 없다. 그렇다고 해서 그 학문이 반드시 흥미로운 것은 아닐 수 있으며, 또 성공적으로 학업을 끝내기 위해 꼭 그렇게 좋은 성적이 필요한 것도 아니다. 그럼에도 어려운 기준을 통과해 인기 학과에 진학한 학생들은 드물지 않게 자신이 택한 학문이 무척 흥미롭다고 말한다. 사실은 부모의 성화에 못 이겨 원치 않는 학과를 선택했음에도 말이다.

매몰 비용의 오류는 가정에서도 쉽게 볼 수 있는 현상이다. 현실과 충돌하는 자신의 생각이나 기대를 왜곡하고 미화하는 '인지부조화'의 전형적인 현상이다. 부부관계와 자식만큼 막대한 투자를 요구하는 것도 없다. 남편을 더 이상 참을 수 없는 슈

나이더 부인이지만, 그녀는 이혼하는 대신 그동안의 투자를 생각해 마음을 바꿔먹는다. '그래도 최소한 기댈 어깨라도 있는 게 낫지 않겠어.' 이로써 슈나이더 부인의 세상은 다시 평온을 되찾는다. '자식이라는 게 어쩜 저리도 속을 썩일까? 그래도 내 새끼라 그런지 저렇게 예뻐 보이니 참을 수밖에.' 이런 식으로 부모는 속상한 마음을 달랜다. 직장의 상사와 동료를 두고도 똑같은 일이 벌어진다. 잘못된 선택일지라도 이제 와서 바꾸기란 여간 어려운 일이 아니기 때문이다. 그것이 바로 우리가 잘못됐다는 것을 뻔히 알면서도 매번 인지부조화의 함정에 빠지는 이유다.

012

어쩌면 당신의 생명을 구해줄 상상실험

[이미지 트레이닝]

어제 오후의 일이다. 신선한 크림이 들어간 마르지판 초콜릿이 구내식당 계산대 바로 옆의 진열장에서 나를 유혹한다. 사무실로 돌아왔음에도 눈앞에 초콜릿이 어른거린다. 생각만 해도 입 안에 침이 가득 고인다. 결국 구내식당으로 달린다. 구내식당이 문을 닫는 오후 3시가 되기 직전이다. 다행히 구내식당은 아직 문을 열었다. 기쁜 마음으로 초콜릿 두 상자를 한꺼번에 집어 든다.

그렇게 어제는 실패했지만 오늘은 절대 군것질을 하지 않겠다고 마음먹는다. '군것질 생각은 꿈도 꾸지 말자!' 잡지에서 읽은 '비키니 몸매를 만드는 열 가지 비결'이라는 기사에 나온 구절이다.

초콜릿 생각은 꿈에도 하지 말아야 한다. 일체의 단 것을 멀리해야 한다. 차라리 이웃집의 더러워진 고양이 화장실이나 할머니의 발에 난 종기를 떠올리자.

맛난 음식 생각은 식욕을 끌어올린다. 근사한 음식을 떠올리고 그 향기를 연상하며, 음식이 정중하게 우리에게 서빙 되는 모습을 상상하면 실제로 입 안에 침이 가득 고인다.

그런데 여기서 먹을 것을 상상하기를 멈추지 않고 본격적으로 그 상상에 부채질하면 오히려 식욕을 잠재울 수 있다. 머릿속에서 형형색색으로 상상을 꾸미며 모든 종류의 미각을 동원해 상상해보라! 신선한 크림이 들어간 마르지판 초콜릿을 실제로 입에 넣고 씹으며 맛있게 꿀꺽 삼키는 장면이 눈앞에 펼쳐지게 만들어라.

이렇게 구체적으로 상상하면 실제로 덜 먹게 된다는 것은 실험으로 입증된 사실이다. 사람들을 세 그룹으로 나누고 첫 번째 그룹에게는 연달아 30개의 초콜릿을 먹는 상상을 하게끔 했다. 두 번째 그룹은 단지 세 개만 먹는 상상을 했다. 세 번째 그룹은 먹거리와는 전혀 상관 없는 다른 것을 떠올리게 했다. 그런 다음 모든 참가자에게 초콜릿을 잔뜩 안기고 원하는 만큼 먹어보라고 했다. 결과는 이랬다. 상상으로 이미 30개의 초콜릿을 탐식한 사람은 진짜 초콜릿을 별로 먹지 못했다. 상상으로 세 개만 먹은 사람과, 초콜릿 생각은 전혀 하지 않은 사람에 비해 훨씬 적은 양이었다. 여기서 중요한 것은 초콜릿을 진짜 먹는 것처럼 아주 구체적이고 세밀하게 상상해야 한다는 점이다. 그저 앞에 있다고 떠올리지만 말고 가능한 모든 감각을 동원해야 한다.

　이런 결과가 나타나는 원인을 우리는 이미 '왜 즐거운 일일수록 짧게 해야 할까?' 꼭지에서 알아본 바 있다. 원인은 바로 습관화이다. 맛이 습관화된다는 것은 처음 깨문 맛이 가장 좋으며, 계속 먹을수록 맛은 떨어진다는 것을 뜻한다. 이 실험은 구체적인 상상만으로도 습관화 효과가 일어날 수 있음을 보여준다. 그러니까 무엇이든 실제로 하기 전에 먼저 충분히 상상한다면, 그 일의 매력은 떨어질 수밖에 없다. 이런 심리학 지식을 염두에 둔다면 좋은 다이어트 계획을 짤 수 있지 않을까?

　이처럼 머릿속으로 충분히 상상해보는 것을 '이미지 트레이닝Image training'이라고 한다 우리는 앞서 습관화가 학습능력의 중요한 전제조건임을 확인했다. 그러니까 상상을 통해 습관화 효과를 불러일으킴으로써 우리는 어떤 특정 행태를 자동으로 익힐 수 있다. 예를 들어 중요한 시험을 앞두고 있다면 먼저 그 시험 장소를 찾아 자리에 앉아 실제 시험을 치르는 상상을 해보

라. 이런 상상 훈련을 충분히 한 사람은 실제 시험을 아주 노련하게 치러낼 수 있다. 진짜 시험을 치르는 상황을 겪어보지 않았음에도 말이다.

비행기 추락 사고의 생존자들을 상대로 벌인 설문조사 결과가 있다. 생존자 대부분은 비행기가 추락했을 때 어떻게 반응할지, 자신을 어떻게 보호하며 비행기에서는 어떻게 탈출할지를 거듭 상상해본 사람들이었다. 다음번에 비행기를 타거든 승무원이 산소마스크 쓰는 법을 설명하는 동안 신문만 뒤적이지 말고, 추락의 상황이 온다면 어떻게 할지 상상해보자. 머릿속으로 벌이는 이 작은 상상실험이 어쩌면 당신의 목숨을 구할지 모른다.

013

상대방도 존중받을 권리가 있다. 당신과 마찬가지로

[자기중심주의의 함정]

다음과 같은 상황을 그려보자. 잠을 이룰 수가 없다. 아파서 몸을 계속 뒤척이게 되고, 더 이상 어쩔 수 없을 정도로 식은땀이 흐른다. 다음 날 아침 깨어보니, 오 이럴 수가, 목이 평소보다 세 배는 더 부풀어 있다. 그리고 발에는 접시만 한 크기의 검푸른 부스럼이 가득하다.

화들짝 놀란 당신은 급히 병원으로 전화를 건다. 안타까운 목소리로 절규하듯 대기자 명단에 끼워줄 수 없느냐고 호소한다. 그러나 전화 회선 반대편에서는 유감스럽다는 말만 들려온다. "지금 예약이 꽉 찼습니다, 죄송합니다."

이럴 때 당신이라면 어떻게 반응하겠는가?

☐ 젠장, 코로나나 걸리세요!

☐ 그래요? 하지만 3분이면 충분할 텐데 어떻게 안 될까요?

☐ 할 수 없군요. 기다리죠. 더 나빠지면 전화드리겠습니다.

사람들은 보통 "그래요? 하지만 3분이면 충분할 텐데 어떻게 안 될까요?"라는 자기 중심적인 두 번째 답을 고른다.

자기중심주의는 유명한 발달 심리학자 장 피아제^{Jean Piaget}가 밝혀낸 현상으로, 생각이든 감정이든 타인의 입장을 고려하지 못하는 것을 말한다. 피아제는 이른바 '세 개의 산'이라는 실험으로 이 현상이 아주 어린 나이의 아이에게도 나타남을 확인했다.

아이에게 세 개의 산이 그려진 풍경화를 보여주며 묻는다.

"뭐가 보이니?"

"왼쪽에 큰 산이, 중앙에는 중간 크기의 산이, 오른쪽에는 작은 산이 보여요."

"좋다. 그럼 이제 상상으로 왼쪽의 높은 산에 올라가 보거라. 그 위에서 본다면 뭐가 보일까?"

"왼쪽에는 큰 산이, 중앙에는 중간 크기의 산이, 오른쪽에는 작은 산이 보여요."

원래는 "제 발 아래 두 개의 작은 산이 보여요"가 맞지만 아이는 그렇게 대답하지 않았다. 아이는 머릿속으로 다른 관점을 받아들일 수 없었던 것이다.

어린아이가 아니어도 사람은 자기중심적으로 생각하고 행동할 확률이 높다. 특히 앞의 예에서 두 번째 답을 골랐다면, 틀림없이 자기중심적인 사람이다.

자, 생각과 느낌을 총동원해서 피부과 의사 입장이 되어보라. 의사의 관점에서 보면 이처럼 딱한 일이 없다. 이날 아침에만 15명의 환자가 전화를 걸어와 모두 '3분이면 되는데' 하고 졸라댔다. 예약 명단을 무시하고 새치기를 시켜달라고 떼를 쓴다. 이제 대기실은 터져나갈 지경이다.

환자의 관점에서는 3분이겠지만, 의사에게는 15×3, 곧 45분이다. 그럼 예약 명단에 있는 사람들은 뭐란 말인가?

자기중심주의란 이처럼 모든 것을 자신의 관점으로만 보는 것이다. 자기중심주의의 반대는 다른 사람의 생각과 감정을 함께 나누는 '공감'이다. 공감은 나중에 더 자세히 다루기로 하겠다.

결혼생활을 생각해보자. 결혼생활의 대부분은 상대방을 배려하는 공감 능력이 없기 때문에 실패한다. 우리는 언제나 모든 걸 자신의 관점과 입장에서만 바라보려는 경향이 있다. 다시 말해서 상대방이 어떤 입장과 관점을 가졌는지 조금도 헤아리지 않는다. 그러나 나와 마찬가지로 상대방도 존중 받을 권리가 있다. 하지만 자기 입장만 생각하면 남의 말이 들리지 않고 쉽게 오해하고 다투게 된다. 결국 결혼생활은 실패로 끝난다.

자기중심주의의 유일한 장점은 정신적으로나마 영원히 어릴 수 있다는 것이다. 다시 말해서 평생 어린아이로 남는 게 자기중심주의이다. 행복한 결혼생활을 원한다면, 최선을 다해 자기중심주의를 극복해야 한다. 기회가 있을 때마다 배우자의 마음속에 들어가 보라. 마음속에 들어간다는 것은 곧 상대의 입장에서 생각해보고 느낀다는 것을 뜻한다. 그럼으로써 상대방의 관점이 무엇인지 배우고, 배우자의 새로운 면모를 발견하라. 그렇게 하면 배우자가 무슨 생각으로 왜 그런 행동을 하는지 이해할 수 있다. 상대의 입장을 이해한다고 당신에게 해가 되는 것은 아무것도 없다. 이해한다는 것이 곧 '수용'을 뜻하지는 않기 때문이다.

한번 시험해보라. 정말 기적이 일어나는 체험을 하게 되리라고 확신한다!

014

능력 없는 사람이
자꾸만 선거에 나오는 심리

〔 우월함 환상 〕

친구 부부들과 즐거운 파티 후에 가볍게 취해서 집에 온 당신과 아내는 함께 침대에 누웠다.

"자기야, 실케가 남편 베른트에게 술 많이 마시지 말라고 끝임없이 잔소리하는 거 봤어? 게다가 우연히 다른 여자의 엉덩이를 바라보는 베른트 눈을 손으로 가리기까지 하더라."

"맞아, 마르크와 프랑카는 또 어떻고. 프랑카는 남편에게 쉴 새 없이 거짓말을 하더군. 그런데도 불쌍한 바보는 아무것도 몰라. 둘은 평소 이야기를 전혀 나누지 않나봐."

"아, 우리는 그렇지 않아서 정말 좋아."

모범부부로서 자부심을 느끼며 당신은 기분 좋게 잠에 빠진다.

그런데 당신이 조금도 짐작하지 못한 게 있다. 같은 시간 실케와 베른트는 나란히 침대에 누워 당신 부부를 두고 똑같은 소리를 한다. 그리고 마르크와 프랑카도 마찬가지이다.

어떤 부부든 자기네가 최고라 여기기 때문에 벌어지는 일이다. 여기에 현미경을 들이댄 심리학 연구는 흥미로운 사실을 보여준다. 당신이 아직 결혼하지 않았다 할지라도 연구 결과는 읽어봄직하다.

⁓⁓⁓⁓⁓⁓⁓⁓⁓⁓⁓⁓⁓⁓⁓⁓⁓⁓⁓⁓⁓⁓⁓⁓⁓⁓⁓⁓⁓⁓⁓⁓

에구머니나, 저 얼간이들은 왜 저토록 형편없는 관계를 맺으며 살까? 그러면서 아무것도 몰라! 부부들은 대개 자신들의 관계가 남들보다 훨씬 낫다고 여긴다. 이른바 '우월함 환상'을 가장 잘 보여주는 예이다. 우월함 환상은 인생의 거의 모든 영역에 걸쳐 나타나는 현상이다. 이 환상은 우리 모두가 갖는 일종의 선입견으로 다른 사람들과 비교해 자신의 강점을 과대평가하게 만든다. 그것도 터무니없이! 그 결과 우리는 너 나 할 거 없이 자신이 대단히 똑똑하고 매력적이며 걸출한 능력의 소유자라는 환상에 빠진다.

심리학자 톰 길로비치^{Tom Gilovich}는 이런 현상을 '워비곤 호수 효과^{Lake-Wobegon-Effect}'라고 불렀다. 워비곤 호수는 미국의 작가이자 라디오 프로그램 진행자 개리슨 케일러^{Garrison Keillor}의 작품 《워비곤 호수》에 등장하는 가상의 도시 이름이다. 워비곤 호수에서는 모든 남자가 강인하고, 여인은 한 명도 빠짐 없이 눈부신 미인이고, 아이들은 평균을 웃도는 지능을 자랑한다. 물론 이를 입증할 근거는 없다. 다만 스스로 평균 이하라고 생각하는 것은 유쾌하지 않기 때문에 비록 근거가 없을지라도 자신을 평균 이상이라고 단정함으로써 마음의 안정과 평화를 얻으려 하는 인간의 모습을 단편적으로 보여준다..

워비곤 호수 효과에 따르면 대개 사람들은 자신이 남들보다 능력이 뛰어나고 창조적이며 매력적이라고 착각한다. 실제로 직장인 중 80% 정도는 스스로를 평균 이상이라고 여긴다. 심지어 능력이 뛰어나기 때문에 동료보다 연봉도 더 받아야 한다고 생각한다. 대학생과 교수들도 마찬가지이다. 그들을 상대로 자신을 어떻게 평가하는지 물었더니 저마다 자기가 최고라고 답했다. 이처럼 우월함 환상은 인생의 거의 모든 영역에서 관찰된다.

반대로 어렵거나 아주 특별한 일에서는 사정이 완전히 뒤집

힌다. 어려운 일을 하라고 하면 애써 자신을 과소평가하며 꽁무니 빼기 바쁘다. 눈이 오면 자신은 운전을 못 한다며 남에게 떠넘긴다. 그러면서도 우주선은 조종할 수 있다고 허풍을 떤다.

얼핏 보기에 우월함 환상은 우리 모두에게 도움이 되는 것 같다. 말하자면 긍정적인 자화상을 그림으로써 기분 좋게 지낼 수 있게 돕는다. 실제로 이런 과대망상 덕에 놀라운 성공을 거두는 일이 일어난다. 이른바 '자기 충족적 예언'의 효과가 일어나고 있는 셈이다.

그러나 근본적으로 우월함 환상은 '자신의 가치를 왜곡하는 현상'에 지나지 않는다. 심지어 자신에게 심각한 피해를 입힐 수도 있다. 통계를 보면 사고가 일어나는 주된 원인은 운전자가 자신의 실력이 최고라고 자부하기 때문이라고 한다. 언제라도 상황을 자신이 통제할 수 있다고 믿는 탓에 어처구니없는 실수가 벌어진다. 이런 태도는 위험한 추월을 서슴지 않게 만들고, 빙판길에서조차 엑셀을 밟게 한다. 자전거를 타는 사람이나 행인도 마찬가지이다. 빨간 신호등을 무시하고 무단횡단을 하는 아찔한 상황을 보라. 독일에서만 매일 거리에서 약 열두 명의 사람이 목숨을 잃는다. 그들은 대부분 죽음 직전까지 자신이 모든 걸 확실하게 통제하고 있다고 생각했을 것이다.

거의 하루도 빠지지 않고 살인 사건이 일어나는 이유도 크게 다르지 않다. 그런 범행은 중벌을 받는다는 걸 알고 있음에도 왜 살인을 할까? 이유는 간단하다. 자신은 범행을 해도 잡히지 않을 거라고 굳게 믿기 때문이다. 그러니까 우월함 환상은 처벌의 충격 효과를 비웃는 셈이다.

여러 영역들에서 벌어지는 어리석은 행동들의 원인도 마찬가지이다. 예컨대 경제든 정치든 별 자질이 없는 사람이 조직의 대표가 되고자 안간힘을 쓰는 바탕에는 우월함 환상이 숨어 있다. 금융시장에서 어이없는 결정으로 막대한 액수의 돈을 날려버리는 모습을 종종 본다. 언론들은 보통 탐욕이 시장을 초토화시켰다고 표현하지만 실은 터무니없는 자신감이 문제다.

회사가 직원들에게 주는 연봉을 국가비밀쯤으로 취급하게 만드는 원인도 우월함 환상이다. 연봉이 합리적인 수준이라면, 투명하게 공개하는 게 직장 내 분위기를 좋게 끌어올리는 데 도움이 될 텐데 왜 한사코 숨기려들까?

다음과 같은 상황을 상상해보라. 이제 갓 열 살 먹은 쌍둥이 형제에게 아빠가 용돈을 차별해서 주며 절대 서로 이야기하지 말라고 한다. "아빠가 용돈을 주면서 그게 얼마인지 너한테 말하지 말랬어!" 이 쌍둥이 형제에게 무슨 일이 일어날 거라고 예상하는가? 기업도 마찬가지이다. 우리는 비밀이 있는 곳에는 뭔가 부당한 게 있다고 믿는다. 그런데 기업이 연봉을 공개한다고 가정해보자. 직원이라면 누구나 자신의 연봉 수준이 상위에 있기를 바란다. 자신의 능력과 업적 그리고 가치를 높게 평가한다. 하긴 누가 평균이나 그 이하 수준을 바랄까? 이처럼 누구도 '평균 연봉'을 받고 싶어 하지 않기 때문에 기업은 연봉을 차라리 비밀에 붙이는 편을 택한다.

우리가 자신을 과대평가하는 탓에 법정에서 많은 시간과 돈을 허비하는 일도 벌어진다. 재판은 대개 처음부터 법적 책임이 누구에게 있는지 분명하게 드러난다. 그래서 양심 있는 변호사는 해봐야 지는 재판이라며 의뢰인에게 포기를 권하기도 한다. 그러나 변호사의 이런 충고에 귀를 기울이는 의뢰인은 거의 없다. 법을 잘 모르면서도 자신이 옳다고 굳건히 믿는 사람은 누구도 막지 못한다.

평소 다음과 같이 자문하는 습관을 들이자. 혹시 지금 나는 우월함 환상에 빠진 게 아닐까? 이런 물음은 사람의 목숨을 구하거나 우리의 지갑을 지켜줄 수 있다. 더 나아가 우월함 환상을 염두에 둔다면 다른 사람들의 행동과 반응을 더욱 잘 이해할 수 있다.

만약 '나는 과대망상에 전혀 시달리지 않아!'라고 말하는 독자가 있다면, 이른바 '바이어스 블라인드 스팟 Bias blind spot' *에 주목하자. 이것은 사람에게는 자신의 선입견은 알아보지 못하는 맹점이 있음을 뜻한다. 무수히 많은 실험을 해본 결과, 자신이 가진 우월함 환상을 구체적인 사례에서 알아내고 다잡는다는 것은 무척 어려운 일로 확인되었다. 그래서 말이지만 우월함 환상에 빠지지 않는 가장 좋은 방법은 우월함 환상이 늘 우리를 노리고 있음을 잊지 않는 것이다.

---

*   자기 자신의 인지적 편견을 알아보지 못한다는 인지심리학의 개념. 굳이 번역하자면 '선입견 맹점'이라 하겠다. 이 용어는 미국 프린스턴 대학교의 에밀리 프로닌Emily Pronin이 만들어냈다. — 옮긴이

남의 감정을
내 것으로 받아들이면 위험하다

〔 동정 VS 공감 〕

한번 이런 상상을 해보자. 당신은 아주 아름다운 숲속을 거닐고 있다. 울창한 자연은 당신에게 무어라 형언키 어려운 감동을 선물한다. 이때 갑자기 어디선가 고통에 찬 어린아이의 신음소리가 들려온다. 화들짝 놀란 당신은 조심스럽게 소리가 나는 쪽으로 다가간다. 어이쿠, 당신은 비명을 지르며 가까스로 멈추어 섰다. 하마터면 눈앞에 입을 벌리고 있는 깊은 구덩이에 빠질 뻔했다.

이제 어디서 신음소리가 들려오는지 분명해졌다. 저 깊은 바닥에서 어린아이가 울부짖으며 도와달라고 소리를 지른다.

자, 당신이라면 어떻게 하겠는가?

☐ 아이에게 용기를 북돋워주며 잠깐 참으라고 말한다. 가까운 마을로 달려가 긴 사다리를 구해 구덩이로 돌아온다. 아이를 구출해 부모의 품으로 안전하게 돌려보낸다.

☐ 아이를 보자마자 충동을 못 이기고 구덩이 안으로 뛰어든다. 바닥에서 아이를 끌어안고 우연히 누군가 지나가다가 구해주기를 기다린다.

☐ 아무것도 보지 못한 것처럼 시치미를 떼고 슬그머니 자리를 뜬다.

어느 정도 평범한 사람이라면 누구나 첫 번째 '사다리 방법'을 선택하리라. 두 번째는 어리석은 짓이라며 손사래를 치고 세 번째는 너무나 무책임하니까. 모든 게 이처럼 분명하다면야 누구나 올바른 선택을 할 수 있으리라.

그러나 현실은 다르다. 일상생활에서 구덩이와 사다리는 종종 변장을 하고 우리를 속인다. 이게 바로 현실에서 우리가 흔히 두 번째를 선택하게 만드는 원인이다. 대비책도 없이 앞뒤 가리지 않고 뛰어드는 것이다. 또, 현실에서는 세 번째 행동을 취하는 경우도 흔하다. 첫 번째 선택지(사다리를 구하는 일)를 두 번째와 혼동하고 혹시 자신이 피해를 입는 것은 아닌지 두려워하는 탓이다.

아이를 보고 구덩이에 뛰어든다는 것은 동정 때문이다. 우리가 동정을 하는 이유는 고통을 받는 사람의 아픔을 자신의 것으로 느끼기 때문이다. 그런데 문제는 동정하는 사람은 의미 있는 해결책을 찾아낼 수 없다는 것이다.

그래서 우리는 공감과 동정을 구별해야 한다. 공감은 시련에 빠진 사람의 아픔을 감지하고, 그 사람이 어떤 일을 겪고 있는지 구체적인 느낌을 가지고 그 고통을 깊이 이해한 후에 다시 자신으로 돌아와 어떻게 하면 그를 도울 수 있을지 생각해보는 것이다.

공감을 하려면 타인을 나와 분리된 독립적인 인간으로 볼 수 있고, 그의 마음을 잠시 내 것처럼 느껴도 자기를 잃지 않을 수 있는 건강한 자아가 있어야 한다. 하지만 자아의 경계가 약한 사람들은 공감해야 할 순간에 상대방과 자신을 하나로 합쳐버린다. 그렇다 보니 남의 고통에 사로잡혀 자신도 구덩이에 뛰어들어야만 하는 것은 아닌지 두려운 탓에 다른 사람의 시련이나 아픔과 만나는 것을 꺼린다. 이런 사람들은 좋지 못한 기분이 끓어오르는 것을 피하려고 현장을 벗어나는 쪽을 택한다. 양심의 가책을 끌어안고 사는 것이 남의 걱정을 나눠 갖는 것보다 쉽다고

여기는 탓이다. 잘잘못을 따지자는 얘기가 아니다. 다만 우리의 심리가 왜 그렇게 작동하는지 알려주는 것뿐이다. 동정은 물론이고 도망가려는 마음 역시 자연스러운 인간의 모습이다.

우리는 자기중심적인 관점에서 세상을 바라보는 데 익숙하기 때문에 무의식적으로 남의 감정을 내 것으로 받아들여야만 할 것 같은 착각에 빠진다. 그러나 현실은 다르다.

우리는 저마다 자신의 느낌을 가진다. 그러니까 서로의 감정을 밝히고 나누는 게 중요하다. 우리가 우리를 둘러싼 사람들과 진심으로 공감할 때, 좋은 일이 일어난다. 우선 우리는 구덩이를 피할 수 있다. 그리고 다른 사람이 구덩이를 벗어날 수 있게 실질적인 도움을 줄 수 있다.

016

충고의 밑바탕에 깔린
자기중심적 관점

〔 투사 〕

지금 당신은 부부관계의 위기를 겪고 있다. 혹은 동료와
사이가 좋지 않거나, 아무튼 무척 힘든 상황이다. 어찌
풀어야 좋을지 몰라 난감하고 속이 상한다.

저녁에 친구를 만났다. 무척 친해서 무슨 이야기든 털
어놓는 친구이다. 이 특별한 친구는 고민이 1,001개라
도 해결책을 내놓을 정도로 특별한 재능을 자랑한다. 아
니나 다를까, 속사포 쏘듯 쏟아낸다. "OO 시도해봤어?"
"나도 비슷한 상황을 겪은 적이 있는데 OOO가 도움이
되더라. 내가 너라면……."

하여튼 말 한마디, 한마디가 다 금과옥조다. 그런데 이상
하게도 대화를 나누고 난 후 당신은 더 혼란스럽다.

대개 충고는 돕겠다는 동기에서 비롯되고, 그래서 의도도 고결하기만 하다. 그러나 유감스럽게도 대부분 좋은 효과를 거두지 못한다. 좋은 뜻으로 한 충고이지만, 동시에 커다란 피해를 불러올 수 있다. 도대체 왜 그럴까? 우리는 근본적으로 '위로를 얻으려는 경향'이 있기 때문이다.

이런 경향은 일상생활에서 거의 의식되지 않지만, 결코 과소평가할 수 없다. 예를 들어 인간관계나 직장 스트레스로 힘들어하는 친구에게 해주는 충고의 밑바탕에는 '자기중심적 관점'이 깔려 있다. 우리 자신의 상황에서라면 틀림없이 도움이 되었을 충고지만 안타깝게도 친구에게는 아무 보탬이 되지 않는다. 아무리 가까운 사이라 할지라도 친구는 다른 사람이며, 나와 다른 관점에서 세상을 바라보기 때문이다.

심리학은 나 자신의 생각과 입장을 다른 사람에게도 적용시키는 것을 두고 '투사Projection'라 부른다. 다시 말해서 우리의 생각과 생활습관과 경험을 고스란히 남에게 적용시키는 것이다. 정신분석학의 창시자인 지그문트 프로이트Sigmund Freud는 "투사는 자신의 희망을 다른 사람에게서 추구하는 심리이다"라고 콕

집어 정리했다.

　우리는 어떤 다른 선택지가 있는지 잘 알지 못하면서도 무언가 좋은 일을 하고 싶어 한다. 다만 유감스럽게도 그게 도움이 되지 않을 뿐이다. 오히려 충고를 함으로써 우리는 상대방에게 피해를 안기거나 심지어 다치게 만들기도 한다. 이유는 간단하다. 인간은 자신의 경험을 전부라고 생각하고, 자기만의 관점으로 세상을 보기 때문이다. 그러나 상대방에게는 그만의 관점이 따로 있다. 이렇게 서로 다른 관점으로 본 현실이 한 치의 오차도 없이 100% 딱 맞아떨어질 확률은 0이다. 그러니까 충고에는 언제나 다음과 같은 표현이 우회적으로 담겨 있다. "네가 보는 현실은 틀렸어." "내 감각이 네 것보다 나아." "세상을 보는 네 눈을 바꿔." 이런 간접적인 메시지를 받은 사람은 원래 문제 외에 또 다른 문제를 끌어안게 되는 셈이다. 의식적이든 무의식적이든 우리는 이렇게 생각한다. '아, 너는 나를 몰라.' 그리고 홀로 버려진 것 같은 외로움을 느낀다. 상대가 자신의 관점을 몰라준다고 여기는 탓이다.

　자기중심적 관점에서 바라본 해결책이 남에게도 좋으리라고 믿는 것은 전형적인 착각이다. 바로 그래서 충고가 '뒤통수 때리기'가 될 수 있는 것이다. 이른바 '자기 계발서'라고 하는 책들이 쓰레기통에 버려지는 이유가 달리 있는 게 아니다.

진심으로 누군가 돕고 싶다면, 우리가 할 수 있는 것은 딱 한 가지이다. 상대방의 이야기를 귀담아 들어라! 상대방을, 그의 문제를, 그의 현실을 이해하려 노력하라. 물론 경청이라는 게 늘 쉽지 않다. 우리는 무의식적으로 '이해'를 '자기 입장의 포기'와 혼동하기 때문이다. 상대방의 입장을 존중하느라 내 관점을 버려야 하나 주저하는 탓에 엉뚱하게도 문제는 전혀 다른 방향으로 흘러가버린다. '몰라주네', '섭섭하네' 하는 식의 오해가 빚어지게 되는 것이다. 벌써 몇 차례 언급한 바 있는 머릿속의 가위가 작동하는 셈이다.

차라리 상대방에게 다음과 같은 신호를 끊임없이 보내자. '나는 네 편이야. 너의 관점으로 볼게. 네가 무슨 말을 하는지 알아.' 이런 식으로 상대방을 위로해주고 난 다음에야 비로소 조언을 듣기 원하는지 물어보라. 충고는 그 후에 해도 늦지 않다.

마지막으로 우리도 당신에게 충고 하나를 하자면, "절대 충고하지 마라!" 이게 우리의 충고이다.

017

원하는 연봉을 받는
사람들의 비밀

[정박 효과]

연봉 협상에서 더 많이 받아내고 싶은가? 당신이 높은
연봉을 꿈꾼다면, 무조건 이 장을 읽길 바란다.

어떤 복잡한 상황을 돌파하거나 물건의 가치를 판단하고자
할 때, 우리의 뇌는 언제나 비교 대상을 찾는다. 여기까지는 일
단 이성적으로 들리는 이야기이다. 그러나 실상은 그리 좋지 못
하다. 우리의 뇌는 적당한 정보나 수치를 찾아내지 못하면 곧바
로 생략 모드로 들어가기 때문이다. 상황의 일부분에만 주목하
거나, 제멋대로 아무 가치나 골라잡는다(이게 훨씬 더 나쁘다). 불
투명한 상황에서 어떻게든 판단의 근거가 되는 기준점을 찾는

셈이다. 이런 자의적인 구석을 심리학은 '닻'이라 부르고 이런 현상을 전문용어로 '정박 효과^{Anchoring effect}'라고 한다. 이 정박 효과는 1974년 심리학자 대니얼 카너먼^{Daniel Kahneman}과 아모스 트버스키^{Amos Tversky}가 행한 실험에 의해 처음 소개되었다. ✲

이 실험에 참여한 사람들은 유엔에 가입한 아프리카 국가가 몇 곳이나 되는지 아느냐는 질문을 받았다. 그동안 참가자들은 실험 감독이 1에서 100까지 숫자가 적힌 회전 원판을 돌리는 것을 바라보았다. 돌아가다가 아무 숫자에서나 바늘이 멈추는 원판이다. 결과는 정말 충격적이었다. 참가자들은 높은 숫자가 나오면 회원국이 많은 것으로, 낮은 숫자가 나오면 회원국도 적은 것으로 평가했다. 회전 원판에 나오는 숫자가 완전한 우연의 산물임을 잘 알면서도 그것을 바탕으로 답을 고르는 기괴한 행태를 보였다.

다른 실험에서는 참가자들이 '스튜디오 97'이라는 이름의 레스토랑이 '스튜디오 17'이라는 이름의 레스토랑보다 훨씬 더 비쌀 것이라는 의견을 보이는 것을 확인했다.

✲   Daniel Kahneman은 1934년생으로 이스라엘 국적의 심리학자이며 노벨 경제학상을 받았다. Amos Tversky(1937~1996) 역시 이스라엘 출신의 심리학자로 인지심리학의 선구자로 여겨지는 인물이다. 카너먼과 함께 '기대 이론'을 만들었다. – 옮긴이

일상 생활에서도 정박 효과를 확인할 수 있다. 처음 가본 식당에서 메뉴판의 첫 페이지에서 몇 가지 요리의 가격을 본 당신은 놀란 나머지 당장 내빼고 싶다. 그런데 오른쪽 면을 보는 순간, 다행히도 조금 덜 비싼 요리들이 보인다. 물론 입맛 돋우는 에피타이저에 지나지 않지만 말이다. 다시 메인 요리로 눈을 돌린 당신은 더 이상 높은 가격이 신경 쓰이지 않는다. 이미 높은 가격 수준에 익숙해진 탓이다. 당신은 벌써 '닻'을 내린 것이다. 이로써 우리는 '정박 효과'가 일어나는 원인을 눈치 채게 되었다. '습관화'의 힘이 확실하고도 번개 같이 작용한 것이다.

얼핏 보기에 닻은 상황을 간단하게 정리해주는 것처럼 보이지만, 다시 뜯어보면 상당한 왜곡을 낳는 주범이다. 이로써 완전히 불합리하고 잘못된 결정이 내려지기 때문이다.

자신은 정박 효과의 함정에 빠지지 않을 거라고 위안하는 사람이 있을지도 모르겠다. 그러나 1987년 조지 노스크래프트 Gregory Northcraft와 마가렛 닐Margaret Neale은 이 효과가 워낙 강력한 나머지 심지어 전문가도 혼란에 빠뜨린다는 것을 입증했다. 실험은 대학생들을 한 그룹으로, 부동산 전문가를 다른 한 그룹으로 나누어 부동산 가격을 평가하게 했다. 판단 자료로 나눠준 자료는 오로지 공시가격만 담은 것이었다. 이 실험의 결과도 똑같았다. 아마추어든 전문가든 처음 본 '닻 수치'를 기준으로 결정을 내렸다.

이처럼 내가 누구든 '정박 효과'로부터 벗어날 수 없다면, 적어도 우리에게 유리한 방향으로 이용할 방법은 없을까?

일반적으로 볼 때 개인이 느끼는 이해득실은 첫 번째 제안에 따라 달라진다. 그러니까 처음 협상 테이블에 올려놓는 가격이 이후 협상과정에 엄청난 영향을 준다.

이 사실이 당신에게 구체적으로 어떤 것을 뜻하는지 풀어보자. 예를 들어 법정에서 위자료 청구 소송을 벌일 일이 있다면, 될 수 있는 한 높은 액수를 불러라. 이 금액이 바로 닻 노릇을 한다. 더 많이 요구하는 사람이 더 얻는 법이다. 또, 협상과 대화를 벌일 때 처음부터 당신의 에이스를 꺼내보자. 가능한 한 당신에게 유리하게 작용하는 쪽으로! 얼마든지 시도해봄직한 일이다. 이를테면 다음번 연봉협상을 할 때 말이다.

018

통계 대신 기억을 믿는
사람들의 심리

[대표성 휴리스틱]

비행기 사고로 목숨을 잃는 사람의 수는 생각보다 적다. 독일의 경우에는 오래전부터 단 한 명도 죽지 않았다. 반면, 당신이 이 구절을 읽고 있는 동안 심장 순환계 질병으로 독일에서만 족히 세 명이 죽어나간다. 심장마비의 위험은 흡연을 하는 경우 아주 높아진다. 그럼에도 왜 사람들은 담배 피우는 것보다 비행기에 오르는 것을 더 두려워할까?

통계적으로 볼 때 비행기는 가장 안전한 교통수단이다. 그러나 흡연이 건강을 해친다는 것을 모르는 사람은 없다. 심지어 담뱃갑 포장에는 다음과 같은 경고문까지 등장했다. '흡연으로 죽을 수 있습니다.' 우리가 대개 정확히 알고 있는 사실이다. 그럼에도 종종 우리 뇌는 흡연보다 비행기 타는 것을 더 위험하게 받아들인다. 도대체 왜 그럴까? 이른바 '대표성 휴리스틱 Representativeness heuristic' 때문이다. '휴리스틱'은 '찾아내다'는 뜻의 그리스어에 뿌리를 둔 것으로, 불확실하고 복잡한 상황에서 부딪치는 문제를 될 수 있는 한 빨리 풀기 위해 쓰는 단순하고 즉흥적인 추론을 뜻한다. 앞서 살펴본 '정박 효과'의 대표적인 현상이다.

우리는 종종 정확한 자료를 갖지 못한 채 결정을 내린다. 또는 구체적인 통계 수치를 안다고 할지라도 그것을 합리적으로 이용하려들지 않기도 한다. 우리의 기억으로 통계 자료를 대신하고 '대표성 휴리스틱'을 감행한다. 예를 들어 도박을 즐기는 사람은 규모가 작은 곳보다 기계가 많은 커다란 카지노에서 훨씬 더 많은 돈을 투자한다. 기계가 많은 탓에 돈을 따는 모습을 더 자주 목격할 수 있다 보니 자신이 딸 확률을 무의식적으로 높게 평가하기 때문이다.

비행기가 추락하는 장면은 누구라도 거의 단박에 떠올린다. 항공기 추락 사고는 방송 화면을 통해 우리 기억 속에 확실하게 각인됐다. 더욱이 비행기 추락은 상당히 강렬한 감정을 자극해 우리의 기억력을 훨씬 더 자극한다. 반대로 심장마비에 걸려 죽는 장면을 보는 일은 드물다. 이런 사건은 몇 분마다 일어날 정도로 흔해서 언론이 보도하는 일도 거의 없다. 워낙 빈발하는 사망원인이다 보니 신문에 나와도 단 몇 줄에 지나지 않는다.

그렇다 보니 우리의 뇌는 비행기 추락을 심장마비보다 훨씬 더 쉽게 떠올린다. 일종의 '자동적인 생각'으로 우리는 흡연보다 비행기 추락으로 죽을 확률이 높다는 결론을 내리고 만다. 그렇지 않다는 구체적인 통계자료를 보여줘도 우리는 굳은 신념에 더욱 집착한다. 이런 현상을 두고 심리학에서는 '버티기 효과^{Perseverance effect}'※라 부른다.

한 연구 결과를 보면, 흡연으로 병에 걸린 환자를 다루는 의사는 담배를 거의 피우지 않는 것으로 나타났다. 니코틴과 타르로 물든 폐의 모습이 의사의 기억에 또렷하기 때문이다.

또 다른 실험을 살펴보자. 이 실험의 참가자들은 일련의 사건들을 확실하게 기억하라는 부탁을 받았다. A 그룹에게는 여섯 개의 사건을 보여주고, B 그룹에게는 열두 개의 사건을 보여주었다. 그런 다음 참가자들이 얼마나 확실하게 사건들을 기억

※ 일단 뇌리에 박힌 기억은 새로운 정보에도 쉽게 바뀌지 않는 현상을 이르는 말. ─ 옮긴이

하는지 물었다.

당신이라면 어느 그룹이 더 자신 있게 기억할 것으로 믿는가? 어느 쪽 그룹이든 확실하게 기억해둘 충분한 시간을 주었다. 당연히 기억해야 할 사건들이 더 많은 B 그룹의 자신감이 A 그룹에 비해 떨어졌다. 더 많은 사례를 기억하다보니 그만큼 어려움을 느낀 탓이다. 반대로 여섯 개의 사례만 기억한 A 그룹은 빠른 속도로 생각을 정리할 수 있었다. 이 실험은 우리가 판단을 내릴 때 그 기초가 되는 자료가 적을수록 쉽게 떠올릴 수 있는 기억에 의존한다는 사실을 보여준다.

이 모든 게 우리 일상생활에서는 어떤 의미를 가질까? 앞으로 단편적인 기억에 끌려 다니지 않고 싶다면, '대표성 휴리스틱'이라는 주먹구구식 접근이 근본부터 잘못된 것임을 명심하자. 꼼꼼하게 기록을 남겨두거나, 구체적인 통계 자료를 찾아보는 쪽이 훨씬 좋은 선택을 할 수 있다.

최근에 살인 기사를 읽었다면, 우리는 자신도 살해당할 확률이 높다고 여긴다. 어쨌거나 기사를 읽기 전보다는 말이다. 질병이나 이혼 혹은 실직 등의 기사도 마찬가지이다. 그러니 인생을 즐겁게 살고 싶다면 가급적 나쁜 뉴스는 피하고 될 수 있는 대로 좋은 뉴스를 골라 읽어라. 이렇게 하면 세상은 좋은 곳이라는 생각이 더욱 굳어진다. 이런 작용은 결국 당신의 기분을 좋게 만든다.

두 번째 가능성은 역발상이다. 폐암 환자를 수술한 의사는 폐암을 다룬 경험이 없는 의사에 비해 훨씬 덜 담배를 피운다. 그러니까 부담스러운 습관을 버리고 싶다면 집중적으로 이 습관이 불러올 나쁜 결과를 그림처럼 떠올려보라. 살을 빼고 싶다면 엄청나게 살이 찐 사람의 사진을 냉장고 문에 붙여놓자.

세 번째 가능성은 일종의 자기 최면이다. 중요한 일, 이를테면 시험, 면접, 첫 데이트 등을 앞두고 있다면, 항상 과거에 잘했던 경험을 떠올려라. 그러면 한층 더 자신감을 끌어올릴 수 있으며 성공을 확신하게 될 것이다.

019

면접에서
심리학을 활용하는 법

[첫머리 효과 VS 최신 효과]

당신의 직장에 승진 기회를 알리는 내부 공고가 붙었다.
당신과 동료 몇 명이 서둘러 지원했다. 중역들로 심사위
원회가 꾸려졌다. 당신이라면 아래의 면접 일정 가운데
어떤 것을 고르겠는가?

☐ 첫 면접이 가장 까다롭고 어려울 거야. 그러니까 점심
　무렵이나 저녁이 나아.

☐ 점심때는 누구나 먹을 생각만 할 거야. 그러니까 아침
　이나 저녁이 나아.

☐ 저녁에는 모두 지쳤거나 이미 결정이 났을 수 있어.
　아침이나 점심때가 좋겠다.

이 선택에서 황금알을 캐내는 길은 두 가지가 있다.

첫 번째 방법은 다음과 같다. 위원회가 당신과 면접한 내용을 잘 기억하기 원한다면, 앞 순서, 그러니까 아침을 골라라. 가장 좋은 것은 첫 면접이다. 심리학은 '첫머리 효과^Primacy effect'라는 흥미로운 현상을 주목한다. 이 효과는 다음과 같은 사실에 바탕을 두었다. 우리의 두뇌는 처음에 얻은 정보를 나중에 따라붙은 것보다 훨씬 잘 기억한다. 초기에 얻은 정보에는 기억의 저장에 영향을 주거나 방해할 수 있는 다른 정보가 없기 때문이다.

예를 들어 소문과 선입견이 강한 위력을 갖는 이유는 바로 '첫머리 효과' 때문이다. 예를 들어 뒤에서 사람들이 하는 말을 들으니 새로 이사 온 이웃집 여자의 성깔이 보통 사나운 게 아니다. 그럼 일요일에 불현듯 소금 빌리러 가기가 어려워진다. 사실 이웃집 여자는 아주 상냥하고 친절함에도 말이다. 이유는 간단하다. 여러 좋은 인상에도 처음 들은 정보가 굳건히 자리를 지키기 때문이다. 처음과는 상반된 새로운 정보가 들어와도 첫 번째 정보는 우리의 기억 속에 굳건히 뿌리를 내리고 요동하지 않는다. 이른바 '첫인상'이라는 게 강력한 이유가 달리 있는 게 아니다. 첫인상은 우리의 뇌리에 확실하게 찍히고, 우리 뇌는 첫 정보와 비슷한 정보를 기억하길 좋아한다.

물론 아침잠이 많거나 1번 타자로 나서는 게 두려운 사람도 있을 수 있다. 잠이 덜 깨 몽롱해 보이는 첫인상을 남긴다면 오히려 곤란하다. 그럴 때는 두 번째 방법을 택하자. '첫머리 효과'와 대립 쌍을 이루는 것으로 '최근 효과$^{Recent\ effect}$'가 있다. 여기서 '최근'이란 '가장 최신의 것', 곧 맨 마지막에 얻은 정보를 뜻한다. 그러니까 가장 최근에 얻은 정보를 중요하게 여기는 게 '최근 효과'이다. 이런 정보는 다른 게 덧씌워지지 않기 때문에 기억에 오래 남는다. 이런 효과를 기대한다면 위원들이 지쳤다 할지라도 가장 늦은 시간, 곧 저녁때를 고르는 게 좋다.

'최근 효과'는 무엇보다도 구매 심리를 이용한 쇼핑마케팅에서 즐겨 써먹는 수법이다. 다른 것보다 세 배나 비싼 립스틱을 구매하기 망설일 때 점원이 뭐라고 하던가? 흔히 다음과 같은 이야기를 들으리라. "물론 좀 비싸기는 해요. 그러나 열 배는 더 오래 쓰실 수 있어요!" 또는 이런 주장도 한다. "조금 더 투자하는 것으로 환경보호에 확실히 일조하시는 거예요." 그러니까 점원은 망설이는 당신의 뇌가 확신을 가질 결정타를 마지막 정보로 날린 것이다.

두 가지 효과는 서로 탁월하게 보충해주는 위력을 발휘한다. 그래서 우리는 '첫머리-최근-효과$^{Primacy\text{-}recent\text{-}effect}$'라고 종합해서 부르기도 한다. 첫인상은 물론이고 마지막 인상도 좋게 심어줄 때 당신은 가장 많은 것을 이끌어낼 수 있다.

이렇게 시도해보면 어떨까? 1번 타자로 면접을 치르고 나서 마라톤 같은 면접이 끝났을 때 복도에서 위원들과 '우연히' 마주치는 상황을 만들자. 환한 미소로 편안한 면접에 감사드리고 즐거운 저녁시간 보내시라고 정중하게 인사하자. 토론을 할 때는 처음과 끝에 '멋진 말'을 할 수 있게 준비해두는 게 최선의 방법이다.

그러니까 '늦게 일어나는 새'도 심리학적으로는 얼마든지 벌레를 잡을 수 있다!

(020)

끌리는 사람이
되고 싶다면

[후광 효과]

당신은 오랜만에 남편과 함께 촛불 켠 레스토랑의 테이블에 앉았다. 훌륭한 요리, 아름다운 음악, 기분 좋은 대화 모든 게 완벽하다. 물론 금발의 매력적인 여종업원이 당신 남편의 취향에 정확히 맞아떨어진다는 게 걸리기는 했다. 레스토랑에 들어서면서부터 남편이 흘끔거리며 그녀를 훔쳐보는 것을 모르지 않았다.

그런데 여종업원이 실수를 연발했다. 처음에는 주문 받은 것을 혼동했고, 와인을 흘리는 실수를 저질렀다. 마지막으로는 레스토랑을 가득 메운 손님들 앞에서 접시를 떨어뜨리는 소동을 벌이기까지 했다.

당신은 속으로 혀를 차며 내심 만족스런 미소를 지었다.

'저런 여자가 내 경쟁상대일 리 없어. 남편이 금발을 좋아하지만 저런 실수투성이를 좋아하는 건 아니니까.'

마침내 종업원이 계산서를 들고 나타났다. 그런데 곁눈질로 훔쳐보니 남편은 그녀에게 상당히 많은 팁을 주는 게 아닌가.

"그건 거의 30%야!" 당신이 퉁명스레 쏘아붙였다. "저런 서비스에 왜 팁을 그리 많이 줘?" "응? 바로 그 서비스 때문에!" 남편이 감동한 표정을 감추지 않고 대답했다. "저 종업원은 아주 훌륭한 서비스를 했어."

남편이 너무하다 싶으면서도 다들 어느 정도 수긍하리라. 사무실에서, 학교에서, 슈퍼마켓에서, 아무튼 거의 모든 곳에서 우리는 매력적인 이성을 만나면 눈이 번쩍 뜨인다. 언어적인 표현일 뿐이 아니라 과학적으로 입증된 사실이다. 심리학은 이런 현상을 '후광 효과Halo effect'라고 부른다. 개인의 한 가지 특성이 워낙 강렬한 나머지 다른 측면들을 덮어버려 전체 그림을 완전히 왜곡시키는 현상이다. 주로 매력적인 외모로 빚어지는 현상이기는 하지만, 다른 특성, 예를 들어 특히 공손하다든지, 유명한 어머니의 아들이라는 사실 등으로 후광 효과는 나타날 수 있다. 그것을 받아들이는 상대방이 그 '빛나는 특성'을 특히 중요하게 여길 때 더욱 강렬해진다.

이를테면 하나가 좋아 보이면 다른 모든 게 좋아 보이는 것이다. 거꾸로 하나가 나빠 보이면 다른 모든 게 마음에 안 들어 보인다. 이 여종업원의 경우만 해도 외모가 출중하니까 실수가 잦아도 아무런 문제가 되지 않는다.

미국의 심리학자 에드워드 손다이크$^{Edward\ Throndike}$와 고든 올포트$^{Gordon\ Allport}$는 1차 세계대전 중에 '후광 효과'를 밝혀냈다. 연구에 의하면 장교들은 부하 병사가 잘생기고 자세가 바르면 어떤 일이든 훌륭하게 처리해낼 것으로 믿었다.

오늘날 사람들의 평균수입 조사 결과를 보면 매력적인 외모의 소유자가 그렇지 못한 사람들에 비해 15% 가량 더 버는 것으로 확인된다. 과학의 '체질량 지수'를 대입해본 결과 과체중일수록 수입이 나빠지는 것으로 나타났다. 키가 작아도 마찬가지였다.

참가자들을 대상으로 가상 지원자의 능력을 평가하게 하는 흥미로운 실험이 있었다. 한 그룹은 매력적인 외모를 자랑하는 지원자의 사진이 붙은 이력서를, 다른 그룹은 똑같은 이력서를 받되 덜 매력적인 사진이 붙은 이력서를 보았다. 결과는 더 멋진 사진의 지원자가 훨씬 좋은 평가를 받은 것으로 나타났다.

'후광 효과'는 우리의 일상에 어떤 의미를 가질까? 될 수 있는 한 합당한 대접을 누리고 싶다면, 항상 이 효과를 떠올려라. 우리는 '후광 효과'에 무방비로 당하는 것만이 아니라 얼마든지 맞대응할 수 있다.

'후광 효과'는 외모뿐만 아니라 거의 모든 특성에도 적용된다는 점을 기억하자. 그러니까 평가하는 사람이 그때그때 어떤 특성을 중요하게 여기는지 주목해보아야 한다. 예를 들어 당신의 사장이 뛰어난 기억력을 특별히 좋아한다면, 적절할 때 당신의 기억력을 과시하자. 그럼 사장은 더 많은 일을 당신에게 믿고 맡길 게 분명하다. 면접관이 스포츠를 좋아한다면, 청소년 축구팀에서 우승한 적이 있다고 언급하라. 어떤 사람들은 이런 것을 두고 '아첨'이라 부를지도 모른다. 하지만 우리는 이것을 '심리학적 근거가 있는 아첨'이라 부르리라.

Part 3

Nützliche Erkenntnisse der Alltagspsychologie

021

일상의 스트레스, 어떻게 관리하는 게 최선일까?

[적응]

오후 3시 반, 사장의 사무실에서 사장은 당신 앞에서 얼굴이 시뻘게진 채 새로 장만한 고급 양탄자 위를 펄쩍펄쩍 뛰고 있다.

"당신이 지난주에 처리한 건 아무 짝에도 쓸모없는 거야. 여기 이 보고서에 써넣은 건 전부 잘못된 수치야. 내일 아침 10시에 다시 여기 나타날 필요는 없어. 당신이 뭔가 꾸밀 수 있다는 것만으로 내가 만족하고 즐거워해야 하는 거야?"

쾅 소리와 함께 서류철이 책상 위를 때린다.

"이걸 내일 아침까지 처리해! 알았어? 그리고 당장 여기서 나가!"

당신은 숨을 크게 들이마시며 복도로 나선다. 사장이 등 뒤에서 문을 쾅 닫는다.

하고 싶은 이야기는 너무나 많았다. 잘못된 수치는 자신이 만든 게 아니라 다른 부서의 작품이다. 그리고 지금 겨드랑이에 끼고 있는 서류철을 내일 아침까지 처리한다는 것은 불가능하다. 만약에 당신이 이런 상황이라면 어떻게 반응할지 1~6번 사이에서 골라보라. A쪽에 가까울수록 1번을, B쪽에 가까울수록 6번을 고르면 된다.

A 사무실로 돌아가 무기고를 열고 기관총을 꺼낸 다음, 사장 사무실로 돌진한다.

1 ☐

2 ☐

3 ☐

4 ☐

5 ☐

6 ☐

B 내 사무실을 간단히 정리한 다음, 따뜻한 물을 가득 채운 욕

조에서 거품 목욕을 하면서 샴페인을 즐기며 몇 명의 좋은 친구들과 통화를 한다.

⟨⟨⟨⟩

아마도 당신은 1번도, 6번도 고르지 않았으리라. 당신은 비교적 정상적인 사람이기에 무기고도, 욕조도 가지지 않았을 테니 말이다. 만약 당신이 남자라면 2번이나 3번을, 여자라면 4번이나 5번을 골랐을 가능성이 크다. 남자와 여자는 스트레스에 전혀 다르게 반응하기 때문이다.

우리가 여기서 다루고자 하는 문제는 스트레스에 적절히 반응하는 방법이다. 우리는 누구나 스트레스를 느낀다고 말한다. 그런데 그 스트레스라는 게 대체 뭘까? 스트레스라는 말은 원래 물리학에서 쓰던 것이다. 다시 말해서 어떤 물질에 가해지는 압력을 스트레스라고 불렀다. 20세기 초에 들어서 생리학자 한스 셀리에$^{Hans\ Selye}$가 이 개념을 심리학에 끌어들였다. 스트레스는 우리 몸이 특정 요인에 반응하는 상태로, 이 요인을 일러 '스트레스 요인^{Stressor}'이라 한다. 스트레스 요인은 우리 몸의 균형을 무너뜨리는 사건으로, 우리로 하여금 거기에 적응하도록 요구한다.

스트레스 요인은 외부로부터 온다. 다시 말해서 스트레스는 외적 요인에 의해 빚어진다. 예를 들어 아침 출근을 서두르다가 커피를 쏟는다. 퇴근을 코앞에 두고 사장이 새 업무를 맡긴다. 도로에서 앞차가 아무 이유 없이 급브레이크를 밟는다. 반갑지 않은 손님이 주말 방문을 통보해왔다. 이런 것들이 외적인 요소다. 그러나 스트레스 요인은 우리의 내부에서도 생겨날 수 있다. 예를 들어 어떤 특정한 목표를 정해놓고 압박감에 시달리는 것이다. 이를테면 올해 마라톤에서는 반드시 10위 안에 들겠다든지, 올해는 꼭 승진하겠다든지, 혹은 반드시 10킬로그램 감량에 성공해야지 하는 식이다. 두려움 역시 내적인 스트레스 요인으로 작용할 수 있다. 예를 들어 늦은 시간 어두운 골목길을 걷는다거나, 회사에서 동료와의 은밀한 연애가 들통 날까 두려워하는 것 등이다.

쓸 수 있는 시간, 돈, 힘, 능력 등 문제 해결에 필요한 자원이 부족할수록 스트레스는 더욱 커진다. 사람은 저마다 다른 자원을 활용하는 탓에 똑같은 사건을 두고도 어떤 사람은 강한 스트레스를 받는가 하면, 어떤 사람은 끄떡도 하지 않을 수 있다. 우리가 문제를 전혀 통제할 방법이 없을 때 스트레스는 거의 폭발 지경에 이른다. 사장이 너무 과중한 업무를 맡기거나 부당하게 대우하고 변호할 기회조차 주지 않는다면, 우리의 맥박은 무섭게 뛰기 시작한다.

스트레스를 받게 되면 먼저 우리 몸은 경보를 울린다. 이것은 스트레스 요인이 앞으로 어떻게 전개될지 주의 깊고 예민하게 관측하려는 짤막한 흥분 상태이다. 맥박과 호흡이 가빠지면서 림프샘이 부풀어 오른다. 호르몬 분비도 급속히 증가한다. 스트레스 요인이 지속되면 우리 몸은 다음 단계로 넘어간다. 활용할 수 있는 자원을 총동원하여 스트레스에 저항한다. 그래도 스트레스가 계속되면 우리는 탈진 상태에 이르고 만다. 이런 상태가 지속되면 병으로 발전한다.

스트레스 연구는 오랜 동안 사람과 동물을 상대로 이뤄져 왔다. 얼마 전까지만 해도 스트레스에는 하나의 보편적인 대응방식만 있다고 간주되었다. 싸우느냐 아니면 도망가느냐. 영어로 말하면 'fight or flight'이다. 학자들은 개와 인간은 스트레스 요인을 직접 공격하거나 아니면 피해 달아난다고 믿었다. 그러나 여성에게서 전혀 다른 유형을 찾아냈다. 그것은 곧 '보살핌과 친교Tend and Befriend이다. 스트레스 상황에서 남성들이 공격적이 되는 반면, 여성은 자신과 아이들을 보살피며 인간관계의 범위와 정도를 넓히고 다지면서 스트레스에 대응한다.

이런 행태 유형은 인류 초기의 유산이다. 홀로 사냥하는 남자는 적을 공격하거나 달아나야만 했다. 반대로 여성은 공격도 도망도 할 수 없는 힘 없는 아이들을 돌보는 것을 최우선 과제로 삼았다. 그러면서 자연스럽게 다른 여인들과 관계를 맺어 비상시에 서로 도왔다.

목욕을 하든 총을 난사하든 오늘날의 세상에서 두 방법은 스트레스를 풀 이상적인 선택지가 되지 못한다. 그렇지만 두 방법 모두 저마다 장점은 가졌다. 사회적 네트워크가 좋은 경우 특히 인간은 병을 잘 이겨낼 수 있다는 연구 결과가 있다. 반대로 싸움을 택함으로써 통제권을 회복하는 것도 나쁘지 않은 방법이다. 싸운다고 해서 반드시 무기고가 필요한 것도 아니다.

그럼 대체 일상에서 어떻게 스트레스를 관리하는 게 최선일까? 우선 말할 수 있는 것은 상대방이 스트레스 상황에서 어떻게 반응하는지 예상할 수 있다면, 그 사람을 상대하기가 훨씬 쉬워질 거라는 점이다. 우리는 현재의 스트레스를 통해 다음 스트레스 상황에 대처하는 법을 배울 수 있다. 자연이 우리에게 준 두 가지를 적절히 결합하면 더욱 좋다. 즉, 남성의 공격적인 태도와 여성의 친화적인 태도를 결합시켜 배려하며 투쟁하는 것이다. 구체적으로 그림을 그려보면 최상의 해결책은 다음과 같으리라. 먼저 집으로 가서 목욕을 하며 친구들과 전화를 한다. 그리고 푹 잔다. 다음 날 아침 침착하고 논리적으로 사장에게 의사를 표현한다.

022

당신이 지금
행복하지 않은 이유

〔 자기 효능감 〕

앞 장에서 설정했던 사무실의 비참한 일상에 머물러보자. 사장은 다시금 당신의 업무를 두고 불평을 일삼았으며 지루하기 짝이 없는 프로젝트를 떠맡겼다. 그것도 모자라 가장 중요한 고객이 당신을 두고 항의를 해왔다.

저녁에 완전히 지쳐 소파에 앉은 당신은 무슨 생각을 할까?

□ 사장은 나를 좋아하지 않는 게 분명해, 언제나 다른 직원만 선호하거든. 그거 틀림없이 '후광 효과'일 거야.

□ 보아하니 보름달이로군. 그래서 내 날이 아니었나봐. 어쩐지 요즘 모든 게 짜고서 나를 골탕 먹이려는 거

같더라.

☐ 주된 원인은 바로 나에게 있어. 내일은 뭐든 다르게
해야겠다.

마지막 답을 골랐다면 아무래도 좀 속이 쓰라렸으리라. 이
저녁에 소파에 홀로 앉아 오늘 겪은 참극의 책임을 온전히 혼자
떠맡으려니 말이다. 그러나 그 덕에 몇 년 더 살 수 있는 기회를
얻었을지 모른다. 앞의 두 대답들 가운데 어느 하나를 고른 것
보다 앞으로 훨씬 더 행복해질 수 있을 테니.

인생의 만족도는 그 사람의 이른바 통제 확신이 얼마나 강한
지에 따라 달라진다. '통제 확신'이란 내 인생에서 일어나는 일
은 내가 통제할 수 있다는 것이다. 앞서 우리는 어떤 상황이 벌
어졌을 때 원인을 외부 조건 탓으로 돌리는 게 좋지 않다는 것
을 알았다. 자신의 인생에서 일어나는 일은 바로 우리 자신이
조종해야 한다. 주변 사람들에게 책임을 떠넘기는 것은 자신의
인생을 남에게 맡겨버리는 것과 같기 때문이다.

사람들이 불행을 느끼는 데에는 여러 가지 원인이 있다. 그
러나 어떤 상황이든 한 가지 동일한 원인이 있다. 바로 자신의
인생을 다스릴 통제 능력을 잃어버렸다는 것. 당신도 알 것이

다. 그 무기력하고 답답한 느낌을. 꼭두각시 인형처럼 조종당하고 있는 것은 아닌가 하는 그 막막한 기분을 말이다. 이런 상실감은 인간을 불행하게 할 뿐만 아니라, 심지어 심장마비와 우울증 같은 병까지 부를 수 있다.

그러나 너무 염려하지는 말자. '내 인생을 만들어가는 사람은 바로 나야', '내 자신의 힘으로 변화시킬 수 있어' 하는 자기 효능감^{Selficacy}이 우리의 통제 능력을 되찾아줄 수 있기 때문이다.

무슨 거창한 변신을 말하는 게 아니다. 아주 사소한 변화일지라도 당신 인생에 만족감과 자신감을 되돌려주기에 충분하다. 얼마나 작은 변화여도 되는지는 요양원에서 벌어진 흥미로운 실험에서 알 수 있다. 그곳 사람들은 특히 아무것도 자신이 결정할 수 없다는 무력감에 시달리고 있었다. 연구진은 한 그룹의 환자들에게 화분을 키워도 좋은데 식물을 돌보는 일은 전적으로 혼자 해야 한다고 말해주었다. 그리고 다른 그룹에게는 그저 화분을 주면서 보호와 관리는 요양원 직원들이 맡을 거니 신경쓰지 않아도 된다고 말했다.

얼마의 시간이 지난 후 환자들에게 자신의 인생에 얼마나 만족하는지를 묻는 설문조사를 했다. 결과는 정말 인상적이었다. 화분 관리와 같은 사소한 일을 직접 결정해서 움직인 그룹이 다른 그룹에 비해 훨씬 더 만족도가 높았다. 더욱 놀라운 점

127

은 1년 반 뒤 이 작은 결정권을 가진 그룹의 사망률은 15%였던 반면, 다른 그룹은 30%에 달했다는 것이다. 그러니까 두 배나 높았다.

그래서 우리는 당신에게 추천한다. 매일 습관처럼 굳어진 일상과 규칙들을 깨부수자. 처음부터 큰일에 덤비면 실패할 수 있으니 우선 작은 것부터 시작하자. 그렇게 매일 올가미를 벗어던지고 조금씩 자기 인생의 통제권을 회복하자.

예를 들어 직장 회의에서 언제나 소극적인 태도로 임했다면 이렇게 말해보자. "그거 제가 해볼게요." 사장은 당신의 적극성에 기뻐하리라. 늘 자신의 문제로 조잘거리는 애인 때문에 매일 몇 시간을 허비한다면, 이렇게 말해보자. "이제 나를 위한 한 시간을 가질게."

물론 바꾸려 수천 번 시도했지만 잘 되지 않았다는 사례도 있다. 그럴 때는 어떻게 해야 좋을까? 예를 들어 사장이 사무실에 무조건 7시 반까지 출근해야 한다고 지시했다고 하자. 아침에 일어나는 게 너무 힘든 당신은 '할 일도 별로 없는데 왜 꼭 그 시간에 출근하라는 걸까? 한 시간 더 자고 나오는 게 업무 능률에 훨씬 나을 텐데'라고 생각하며 사장에게 여러 차례 물어봤지만, 그때마다 "안 돼!"라는 답이 돌아왔다. 그럴 때는 일주일에 하루만 그렇게 하자고 해보면 어떨까? 통계에 따르면 이런 부탁은 95% 승낙을 얻어낸다. 일주일에 한 번 시도해보자는 것을 거부하는 사람은 거의 없기 때문이다.

물론 이런 작은 일들로 세상을 바꿀 수 있는 것은 아니다. 하지만 우리는 세상을 바꾸고자 하는 것도 아니다. 핵심은 당신이 저녁에 침대에 누우며 맛보는 행복감이다. 작은 조각이나마 인생의 통제권을 회복했다는 행복감, 이 행복감을 가짐으로써 당신의 수명은 몇 년 더 늘어날 수 있다.

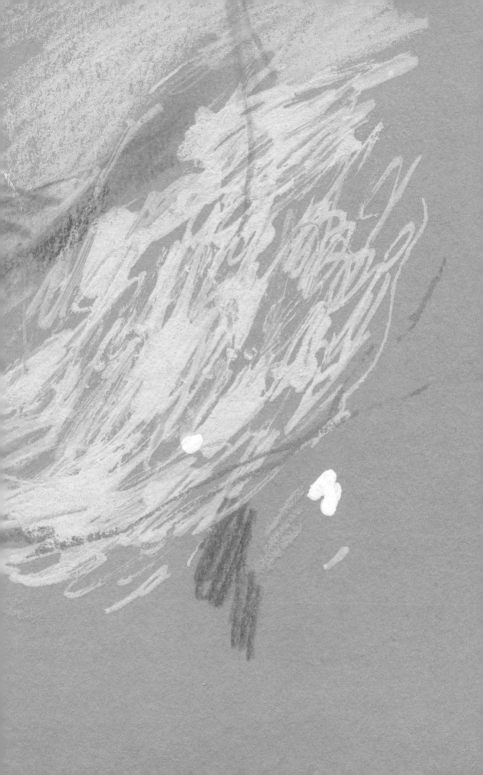

023

잠재의식을 통해
원하는 것을 이루는 법

[잠재의식]

또 담배를 끊으려 했다고? 그러다 다시 피운다고? 새해를 맞아 품은 좋은 결심은 왜 늘 그렇게 수포로 돌아갈까?

간절한 마음으로 결심했음에도 어째서 우리 내면에 숨어 있는 비겁함은 그리도 끈질길까? 어떻게 해야 이 녀석을 다스릴 수 있을까?

왜 우리는 좋지 않은 일이라는 것을 알면서도 집착할까? 어째서 불필요한 강제와 갈등에 시달릴까? 더 나은 방법을 알고 있고, 기분이 좋지 않음에도 왜 멈추지 못할까? 답은 생각보다 간단하다. 물론 소화하기는 쉽지 않은 답이다. 이런 물음들에 답은 '그래야 마음이 편하니까!'이다.

흡연은 중독 현상을 일으키며 우리를 불행하게 만든다. 흡연이 좋지 않은 것을 모르는 흡연자는 없다. 그럼에도 그냥 좋은 게 좋은 것이라는 핑계를 대며 당장의 편안함과 즐거움을 유지하려고 한다. 말하자면 일종의 '통제 환상'을 즐기는 셈이다. 통제 환상은 행복감을 빚어주는 '자기 효능' 경험과 밀접하게 맞물려 있다.

여기서 몇 가지 실존적인 측면들을 자세히 살펴볼 필요가 있다. 그다지 달갑지 않은 말이기는 하지만, 우리는 세계라는 거대한 톱니바퀴에 달린 작은 톱니와 같은 존재이다. 대개 자신의 힘으로 돌아가기는 하지만, 다른 톱니와 함께 돌아야만 하는 경우도 많다. 우리는 미래를 알고 싶지만 누구도 미래를 정확히 예측할 수는 없다. 그런데도 우리는 마치 자신이 모든 것을 통제할 수 있는 양 행동한다. 자신이 아무것도 모른다는 사실을 인정하면, 인생이 돌연 뒤집어지는 것은 아닌지 두렵기 때문이다. 말하자면 운명적인 치명타를 맞으면서도 행복의 문을 여는 것처럼 기대하고 행동하는 게 우리네 인간이다.

물론 건강한 생활습관을 가지는 게 좋다는 것은 분명히 안다. 담배를 피우지 않으면 폐암에 걸릴 확률이 낮아지는 것을 모르는 흡연자는 없다. 그럼에도 늘 해오던 이 편안함을 포기할 수 없다. 만약 바꾸겠다고 지금까지 살아오던 틀을 건드리기 시작하면, 돌연 우리는 엄청난 어려움을 겪는다.

우리 안에는 변화를 싫어하는 잠재의식이라는 비겁한 겁쟁이가 숨어 있다. '잠재의식Subconsciousness'은 변화가 일어나 지금까지 유지해온 틀이 깨지는 것을 아주 싫어한다. 우리가 문제 혹은 갈등 따위를 명확하게 의식하려고 들면, 대개 잠재의식이 가로막는다. 지금까지 안정적이었다고 믿어온 구조를 잃을까 봐 두려워하는 것이다. 인생은 예측할 수 없고 통제 불가능한 일의 연속인데 그 모든 것을 떠받치는 기본 틀이라는 습관에 한사코 매달린다. 그렇게 함으로써 내 인생은 내가 통제한다는 환상에 빠진다. 그리고 이 환상 속에서 잠재의식은 구름처럼 편안하다.

우리는 모든 게 지금까지 그랬던 것처럼 앞으로도 그래주었으면 하는 마음을 가진다. 물론 잘못된 것을 고치지 못해서 때때로 불편하고 고통스럽기는 하다. 그러나 지금처럼 지내는 것이 자신이 모든 걸 통제하고 있고 자기 효능 경험을 하는 것처럼 보이는 것이다.

그것 참 묘하다며 머리를 긁적이는 독자가 적지 않으리라. 그만큼 우리 무의식의 타성과 관행은 질기다. 지금부터는 어떻게 하면 진정한 '자기 효능'을 이루어낼 수 있는지 그 방법을 알려주겠다. 잠재의식과 습관이 반항하는 곳, 바로 그곳에 길이 있다.

예를 들어 '에이, 담배 피우는 게 뭐 그리 나쁘겠어? 담배를 피우고도 90살이 넘도록 산 사람도 많잖아!' 혹은 '신년 결심이라는 것은 원래 깨라고 있는 거 아냐?' 따위의 생각에 사로잡히거든, 그게 바로 잠재의식이 방해 공작에 나섰다는 증거다.

그럼 이제 당신의 잠재의식에 한방을 날려라. 먼저 다음과 같이 물어보자. '지금까지 해온 대로 계속하면 어떤 일이 벌어질까?' 그리고 아주 선명하게 그 결과를 구체적으로 그려보라. 이를테면 담배를 계속 피워서 폐가 니코틴과 타르로 인해 시커멓게 변한 모습을 떠올리는 것이다. 그런 다음 두 번째 물음을 던지자. '정말 그렇게 되기를 원하는가?' 당신은 강력하게 '아니!' 하고 외쳐야 한다. 일종의 가격비교를 하듯 어느 쪽이 더 높은 대가를 치러야 할지 생각하라. 콘크리트 벽을 향해 달리는 기차처럼 그냥 모든 걸 계속 달리게 내버려둬야 할까 아니면 정확한 목표를 가지고 꾸준하게 성공을 위해 나아가야 할까를 끊임없이 비교해보라.

이런 과정을 겪으면 변화를 이끌어내고 무언가 실천에 옮길 강력한 동기를 얻을 수 있다.

흔히 잠재의식을 무의식과 혼동하는 경우가 있는데 무의식은 '없는 의식'이 아니라 '숨어 있는 의식'이다. 잠재의식은 같은 차원의 주파수를 갖는 신호를 특히 잘 받아들인다. 그러므로 이른바 '자기 암시'라는 방법으로 당신의 잠재의식을 프로그램 하라. 예를 들어 머릿속으로 늘 다음과 같이 되뇌어라. '내 자유의지로 지금부터 담배로부터 자유로운 인생을 살리라.' 이런 주문을 계속 걸어라. 이때 중요한 것은 될 수 있는 한 간결하고 긍정적인 표현으로 목표를 묘사하는 것이다.

우주를 상대로 소원을 빌라는 말이 아니다. 우리는 단적으로 잠재의식을 변화의 과정에 맞추어야 한다. 잠재의식에는 갈등 상황을 풀어낼 수 있는 수많은 해결책이 가득 쌓여 있다. 다만, 쉽게 떠오르지 않을 뿐이다. '자기 암시'라는 방법을 통해 이 해결책을 차례차례 풀어내어 의식 차원으로 끌어올려야 한다. 긍정적 사고는 이렇게 작용한다. 모든 게 좋아지리라!

024

왜 종교를 가진 사람들이
더 오래 살까?

(종교 효과)

믿거나 말거나, 종교를 가진 사람들이 더 오래 산다. 이 사실을 입증하는 연구는 헤아릴 수 없이 많다. 그 원인이 어디 있다고 생각하는가?

□ 놀라울 것 없다. '죽음 이후의 삶 패키지'를 제공하는 게 종교이지 않은가.

□ 종교는 율법으로 인간의 삶을 제한하며, 이로써 건강을 해치는 많은 악덕을 금지하기 때문이다.

□ 종교는 인간에게 자신의 인생을 다스릴 특별한 힘을 준다.

종교가 어두운 그늘을 가지고 있는 것은 부정할 수 없는 사실이다. 수천 년 동안 종교라는 이름 아래 수많은 사람이 억압받고 죽임을 당했다. 시대를 막론하고 종교가 비판을 받지 않은 때는 없었다. 특히 오늘날은 비판의 칼날이 매섭다. 그리고 귀담아 들어야 할 비판도 적지 않다. 그런데 어떻게 종교는 십만 년이 넘는 세월을 버티고 살아남을 수 있었을까? 틀림없이 종교가 인류에게 도움을 주는 부분이 있었을 것이다. 그렇지 않다면 종교는 이미 오래전에 진화의 과정에서 없어지고 말았으리라.

수십 년에 걸친 연구는 종교적 확신과 기대수명 사이에 실제로 긍정적인 연관이 있음을 밝혀냈다. 물론 여기서 기대수명이란 대개의 종교가 약속하는 죽음 이후의 영생을 말하는 게 아니라, 장례식 이전까지의 지극히 평범한 수명을 말한다. 종교 활동에 충실한 삶을 살면 사망률은 30%까지 떨어진다. 또 종교는 우리의 인생을 보다 만족스럽고 건강하게 만들어주는 것으로 보인다. 그러나 이런 연관성을 설득력 있게 풀어줄 설명은 오랫동안 찾기 어려웠다.

그런데 최신 연구는 이 원인이 '자기 통제감'일 수도 있다고 말한다. 우리는 앞서 자신의 인생을 스스로 통제할 수 있는 사람이 만족스럽고 건강한 인생을 산다는 것을 확인했다. 그렇다면 특정 가치와 행동 규칙을 강제하고 지시하는 종교가 어떻게 우리에게 더 나은 '자기 통제감'을 만들어준다는 것일까?

물론 지금 이 책에서 언급하는 종교는 파괴적인 폭력을 일삼는 극단적 종교집단을 말하는 게 아니다. 대중이 믿는 보편적인 종교를 말한다. 일상에서 종교는 무기와 폭력 없이 이루어진다. 누구에게도 신체적인 위해를 가하며 자신의 종교 가치를 따르라고 강요하지 않는다. 예를 들어 혼전 섹스를 금하는 율법을 지킬 것인가 하는 물음은 어디까지나 내 개인적인 결단의 문제다.

그러나 나 자신을 내 종교의 목표와 동일시한다면, 이 목표는 말 그대로의 진정한 의미에서 성스러운 가치가 된다. 신비의 기운을 담은 '거룩한 가치'는 아주 특별한 힘을 발휘해 나로 하여금 습관의 관성을 극복하게 만든다. 이것이 바로 종교인과 신앙을 갖지 않은 사람 사이의 차이다. 병상에 누운 이웃을 위해 장을 보아주는 일이라든지, 신년을 맞아 새롭게 품는 각오라든지, 종교의 힘을 담은 가치는 나에게 강력한 동기를 불어넣어 보다 성공적인 인생을 살게 해준다. 그럼으로써 보다 행복하고 훨씬 더 건강한 삶을 산다. 동시에 강한 자극을 불어넣어 삶의 다른 영역에서도 긍정적인 힘을 발휘하게 만든다.

이런 방법은 종교를 믿지 않는 사람도 응용할 수 있다. 보다 고결한 가치, 아름답게 빛나는 동기로 자신과 주변 사람들에게 자극을 주어라. 이를테면 이웃사랑, 환경보호, 동물보호, 건강증진 등 보다 나은 사회를 만드는 데 기여하는 활동을 하자. 강한 자기 통제는 충만한 행복감을 선사하여 당신의 몸에 활력을 불어넣으리라. 이런 활동은 건강하게 장수하는 삶을 약속해준다.

말도 안 되는 음모론이
널리 퍼지는 이유

[환상 오류]

아래 그림을 보라. 뭐가 보이는가?

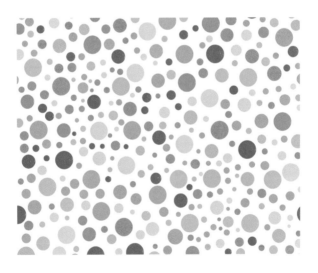

수많은 점에서 무엇이 보이는가? 동물, 나무, 아니면 아무것도 안 보일 수도 있다. 당신의 답은 현재 당신의 상태가 어떤 것인지에 따라 달라진다.

미국의 인기 드라마 〈섹스&시티$^{Sex\ and\ City}$〉에서 전설이 되다시피 한 대사 "그는 너한테 반한 게 아니야!$^{He's\ just\ not\ that\ into\ you!}$"를 기억하는가? 등장 여성 가운데 한 명이 최근 알게 된 남자가 왜 전화를 걸어오지 않을까 하고 자문한다. 가능한 모든 이유를 들먹이는 그녀에게 누군가 이렇게 외친다.

"그는 너한테 반한 게 아니야!"

이 장면은 순식간에 컬트의 경지로 떠올랐다. 심지어 이 말을 제목으로 한 책과 영화가 줄줄이 나왔을 정도이다. 이제 우리가 관심을 가져야 할 것은 다음과 같은 물음이다. 왜 우리는 온갖 말도 안 되는 소리를 끌어다대면서까지 세상을 설명하려 들까?

그 원인을 살펴보기 위해서는 우선 통제력에 대한 이해가 있어야 한다. 통제력에는 여러 가지 단계가 있는데 가장 강력한 통제력은 내가 사건의 연관성을 이해할 뿐만 아니라 적극적으로 다스릴 수 있을 때 얻어진다. 두 번째는 직접 상황을 다스릴 수는 없지만, 어쨌거나 설명은 할 수 있는 경우이다. 설명할 수 있다는 사실 하나만으로도 우리는 어느 정도 안도감을 느낀다.

인과관계를 적용해서 말하자면, 특정 원인을 예측할 수 있다는 것은 적어도 그 원인을 바꿈으로써 결과를 달라지게 하는 게 가능함을 뜻한다. 적어도 이론상으로는 말이다.

최악의 단계는 스스로 할 수 있는 게 아무것도 없고 설명도 할 수 없는 경우이다. 도대체 왜 그런지 알 수가 없어서 아무것도 할 수 없을 때, 인간은 절망하고 참담해한다. 지극히 혼란스러운 우연이나 그 어떤 알 수 없는 힘에 끌려 다니는 나머지 통제력을 완전히 상실했다고 믿는 것이다. 명확한 설명이 주어진 경우에도 똑같은 말을 할 수 있다. 그 설명을 도저히 받아들일 수 없기 때문이다. 그래서 한사코 다른 설명을 찾으려 안간힘을 쓴다.

이런 무력감은 너무나 고통스럽기 때문에 우리 뇌는 아예 허용하지 않으려든다. 그래서 이를 악물고 통제력을 회복하려고 시도한다. 그 첫걸음이 바로 상황을 설명할 근거를 찾아나서는 것이다. 이와 관련된 연구들은 우리가 통제력을 잃으면 잃을수록 주변의 모든 일을 날조하면서까지 어떻게든 설명하려는 강한 욕구를 갖는다는 것을 보여준다.

그럼 이제 앞서 본 그림을 어떻게 해석해야 하는지 살펴보자. 일단 참가자들을 두 그룹으로 나누어 똑같은 질문을 했다.

"이 그림에서 무엇이 보이시나요?"

그림을 보기 전에 두 그룹은 서로 다른 상상 훈련을 했다. 첫 번째 그룹의 사람들은 자신이 도저히 감당할 수 없는 상황에 빠진 경우를 상상했다. 두 번째 그룹은 완전히 긴장을 풀고 자신이 모든 걸 통제하고 있는 상황을 떠올렸다.

이런 상상 훈련은 그림에서 무엇에서 보이느냐 하는 물음에 결정적인 영향을 미쳤다. 두 번째 그룹은 그림을 보고 대답했다. "저건 뭐 그냥 점들만 찍어놓은 거네요." 반면, 무기력한 상황을 상상했던 그룹은 그림에서 무수한 것을 읽어냈다. 동물, 나무, 단어 등 온갖 것이 그림 안에 담겨 있다고 주장했다. 그냥 아무렇게나 모아놓은 주식 시세 자료들을 보여준 결과도 다르지 않았다. 무기력한 첫 번째 그룹은 그 안에 주가 등락의 일정한 경향이 있다고 보았다. 두 번째 그룹은 그냥 자료 더미에 지나지 않는다고 정확하게 판단했다.

요점을 정리해보자. 자신이 무력하다고 느낄수록 우리는 갖은 지레짐작으로 우연이라는 이름의 퍼즐 조각을 모아 설명을 완성하려 안간힘을 쓴다. 그러나 자신의 인생을 확실히 장악하고 있는 사람은 그냥 세상을 있는 그대로 받아들이며, 그저 아무것도 아닌 혼란이라고 느긋한 반응을 보인다.

사실 앞에 나온 그림은 아무런 뜻이 없으며, 그냥 점들을 아무렇게나 모아놓은 것에 지나지 않는다. 그렇게 보았다면, 지금

이 순간 당신은 인생을 확실하게 장악하고 있다. 그림을 보며 자꾸 무엇인가를 발견하려고 애쓰고 있다면 당신은 그 무엇엔가 끌려다니는 삶을 살고 있을 것이다.

이것을 설명할 수 있는 좋은 예가 미신이다. 미신은 우리 뇌가 무력함을 느끼는 탓에 자꾸 설명을 시도한 결과물이라고 볼 수 있다. 음모론 역시 우리의 통제력 갈망 때문에 생겨난다. 무력감이 극치에 달한 사례는 2001년 9월 11일 뉴욕 세계무역센터에 가해진 테러 이후에 나타났다. 극도로 놀란 서구사회는 마구잡이로 음모론을 쏟아냈다. 인터넷에 수많은 음모론이 도배되었으며, 심지어 영화까지 나왔다. 사실은 미국 정보부가 스스로 빌딩을 폭파한 거라는 황당한 음모론이 그 좋은 예이다.

주식시장에서도 '설명을 통한 통제 욕구 만족'은 치명적인 결과를 불러올 수 있다. 상황이 어려워질수록 투자자들은 주식 시세 그래프에서 일정한 흐름을 알 수 있다고 믿는다. 그런 경향이 전혀 없음에도 말이다. 이런 믿음이 굳어질수록 투자자는 다른 사람들까지 충동질해서 기어이 지옥의 나락에 빠지고 만다.

굴뚝청소부가 복을 가져다주지 않으며, 검은 고양이를 봤다고 해서 불운이 찾아오는 것이 아님을 우리는 잘 안다. 그럼에도 우리는 뭔가 조금이라도 납득이 가지 않으면 음모론을 제기하고 미신에 매달린다.

상황이 설명이 되지 않는다고 해서 굴뚝청소부가 되어 여기 저기 쑤시고 다니는 것은 아닌지 때때로 자신을 돌아보는 게 좋다. 설명이 없는 게 아니라, 합리적인 설명을 인정하지 않는 것뿐일 수도 있다. 또는 실제로 그 어떤 설명도 할 수 없거나. 설명이 되지 않는다는 '느낌'을 있는 그대로 받아들이고 참아보는 것도 좋은 인생 연습 가운데 하나이리라.

026

당신이 솔로라면
반드시 알아야 하는 것

[인위적 희소화 전략]

남자들의 관심을 받지 못하던 여자가 새 남자친구가 생겼다는 소문이 돌면서 돌연 뜨거운 인기를 누리기 시작했다. 남자들은 앞 다투어 그녀의 환심을 사려고 꽃다발에, 초대장에 법석을 피운다. 이미 손에 새 반지를 낀 여자를 둘러싼 이 돌연한 인기는 어떻게 설명될 수 있을까?

광고 심리학으로 간단하게 설명할 수 있다. 여자는 자신을 인위적으로 희소하게 만든 것이다. '인위적인 희소화 전략'은 협상 입장을 강화해서 이처럼 몸값을 끌어올리는 데 활용할 수 있다.

시장은 수요와 공급이라는 법칙을 따른다. 다시 말해서 가격은 수요와 공급이 형성하는 관계에 따라 결정된다. 평소 우리는 상품의 가격은 바로 그 상품의 가치를 말해주는 것이라고 믿는다. 다시 말해서 비싸면 비쌀수록 더 좋은 물건이므로 높은 가격은 그만큼 그 물건이 갖기 어렵다는 증명인 셈이다. 서로 가지려고 안달을 하다 보니 물건이 비싸지고 '희소'하다고 보는 것이다.

이런 논리를 이용한 것이 인위적 희소화 전략이다. 우리가 제공하는 서비스나 상품을 희귀한 것으로 보이게 만드는 것이 전략의 핵심이다. 이런 식으로 가격을 끌어올릴 수 있다. 예를 들어 3억 원이 넘는 고가임에도 포르쉐 911을 빠르게 팔아치울 수 있는 방법은 한정판으로 356대만 생산하는 것이다. 그럼 놀랍게도 이 스포츠카는 출시 첫날 매진되다시피 한다.

이런 전략은 다른 차원에서도 통한다. 왜 특정 세일 품목은 그토록 짧은 기간에만 집중될까? 어째서 특가 상품은 그리도 예외적으로 한정 판매를 연장할까? 멀리 갈 것도 없다. 할인 특가를 대대적으로 선전하는 백화점, 이자 할인 행사를 벌이는 은행 등, 우리 주변에서 찾아볼 수 있는 희소화 전략의 예는 차고도 넘친다.

인위적 희소화 전략이 물건이나 서비스는 똑같은데도 매력을 끌어올리는 이유는 무엇일까? 이런 효과는 인지부조화 이론으로 설명할 수 있다. 상당한 노력과 수고를 들여야만 가질 수 있는 것에 우리는 늘 커다란 가치를 부여한다. '정말 힘들었는데, 그럴 만한 가치가 있었어!'라고 말하고 싶어 하는 것이다.

그밖에도 우리는 개성 있는 존재가 되고 싶은 강렬한 욕구를 갖고 있다. 다른 사람들과 확실한 차이를 자랑하는 유일한 존재가 되고픈 갈망 말이다. 누구나 입는 옷, 똑같은 핸드백을 사는 대신 비싸고 희귀한 것을 사게 된다.

희소하면 가치가 올라가는 현상에서 우리는 무엇을 배워야 할까? 우선, 할인 세일을 조심하자! 정말 그 물건을 구입하는 게 좋은지 신중히 따져보라. 훨씬 더 좋은 것을 더욱 싼 값에 구할 수 있는 경우가 의외로 많다.

만약 당신이 아직 싱글이고 짝을 찾고 있다면, '짝을 찾습니다!' 하고 동네방네 떠벌리지 말자. 오히려 아주 드문 존재라 갖기 어려울 것이라는 이미지를 심어줘라. 물론 그렇다고 자취를 감추라는 말은 아니다. 당신은 이른바 '단순 노출 효과'를 십분 활용할 수 있어야 한다. 다만, 당신은 정복하기 어려운 존재로 보여야 한다. 짝을 구한다는 야단법석은 다른 사람들이 하게 만들고, 당신은 자신의 일에 집중하는 모습을 보여라. 당신은 사람들에게 드물고 귀한 존재가 되어야 한다. 그러다 보면 당신은

어느덧 자신의 일에 충실하며 감사할 줄 알고 자부심에 넘치는

짝을 찾게 되리라.

027

어떻게 하면
그의 마음을 얻을 수 있을까?

〔 단순 노출 효과 〕

할리우드의 낭만적인 영화를 살펴보자. 첫 장면에서 서로 전혀 모르는 남녀 주인공이 우연히 잠시 스쳐지나간다. 빵집에서 남자는 우산을 잊었고, 여자가 우산을 들고 따라 나와 남자에게 건네준다. 두 사람은 서로에게 그 어떤 특별한 호감도, 그렇다고 나쁜 인상도 받지 않았다. 첫눈에 사랑에 빠지는 낭만은 없었다. 두 사람은 이 만남을 곧장 잊었다.

다음 날 두 사람은 점심을 먹으러 간 식당에서 우연히 다시 만났다. 이런 일은 자주 벌어졌다. 남자와 여자의 직장이 같은 거리에 위치해 있었기 때문이다. 저녁이면 공원에서 우연히 마주치는 일도 빈번했다. 두 사람 모두 퇴근 후에 개를 데리고 산책했기 때문이다. 드디어 사랑에 빠졌다. 결혼했다. 처음에는 아주 심드렁했던 두 사람이 말이다.

할리우드 영화의 전형적인 사례라고 생각되는가? 그럼 우리의 실제 현실을 들여다보자.

〈〈〈

처음에는 서로 아무런 관심을 갖지 않았던 두 사람이 사랑하는 사이로 발전하는 일은 종종 벌어진다. 우연히 마주치는 일이 자주 생겼기 때문이다. 이것이 할리우드에서만 볼 수 있는 스토리일까?

아니다, 이것은 과학적으로 증명된 사실이다. 이런 작용을 '단순 노출 효과Mere exposure effect'라고 부른다. 미국의 심리학자 로버트 자이언스Robert Zajonc가 1968년에 발견한 현상으로, 이 효과는 마주침이나 접촉의 빈도가 잦을수록 그 사람(혹은 그 사물)을 좋아하게 된다는 것을 뜻한다.

어떤 사람을 의도적이든 우연히든 자주 마주칠수록 우리는 호감과 매력을 느끼게 된다. 물론 단 하나의 조건은 있다. 첫 만남에서 부정적인 인상을 받지 않아야 한다. 부정적인 인상을 받은 경우에는 만남이 거듭될수록 반감만 깊어진다. 그러나 최소

한 첫인상이 중립적이었다면, 만남의 횟수와 비례해 호감은 상
승한다.

이 효과는 세미나 실험을 통해 입증되었다. 세미나에 은밀하
게 학생을 들어가게 했다. 물론 이 학생은 누구와도 말 한마디
나누지 않았으며, 수업에 참여하지도 않았다. 그저 가만히 앉아
있다가 끝나면 사라졌다. 여러 명의 학생들이 서로 다른 세미나
에 참석 빈도를 달리해가며 참여했다. 말하자면 A라는 학생은
한 세미나에 한 번, B라는 학생은 두 번, C는 세 번 참석하는 식
이다. 가장 자주 참석한 경우는 15번이었다. 나중에 '진짜' 학생
들에게 사진을 보여주며 사진 속의 인물에게 얼마나 호감이 가
는지 물었다. 그 결과 그저 참석만 했음에도 출석 횟수가 많을
수록 호감과 매력도가 높게 나타났다. 누구와 한마디의 말도 나
누지 않았음에도 말이다.

단순 노출 효과에 바탕을 두고 나타나는 것으로는 '밀접 효
과'를 꼽을 수 있는데, 가까이 있는 사람과 친구가 될 확률이 가
장 높다는 내용이다. 물론 같은 도시에 살고 있는 사람들끼리
훨씬 더 잘 친해질 수 있다는 것이 그리 놀라운 이야기는 아니
다. 실제로 아파트 같은 층, 혹은 대학생 기숙사 입주 학생들은
대개 가장 가까이 있는 학생과 친해진다는 사실을 확인해주었
다. 같은 복도일지라도 양쪽 끝 방에 사는 학생들은 거의 접촉

이 없었다. 복도라고 해야 불과 몇 미터에 지나지 않음에도 말이다. 밀접 효과는 얼핏 보기에는 진부하게 들리지만 그 영향력은 실로 강력하다.

어째서 그런 것일까? 우리 머리는 거듭 되풀이해서 일어나는 똑같은 상황을 보다 효율적으로 처리하기 위해 도식이라는 것을 만들어낸다. 어떤 특정한 도식이 보다 빈번하게 작용할수록, 우리 두뇌에서는 '처리 유창성Processing fluency'이 올라간다. 두뇌의 작용 방식을 설명하는 심리학 용어인 '처리 유창성'은 우리의 뇌가 머릿속에 떠오르는 과정을 물 흐르듯 매끄럽게 하려는 경향이 있다는 것을 설명한다. 그래서 처리하기 쉬운 일일수록 우리는 그것을 편안하고 즐겁게 여긴다. 다시 말해서 우리 뇌는 될 수 있는 한 일거리를 줄이는 쪽으로 작동한다. 복잡할 거 없이 도식을 통해 '아, 이거는 그거야!' 하고 간단하게 일하는 것을 좋아하는 것이다.

단순 노출 효과는 사람과 사람의 만남에서만 일어나는 게 아니다. 물건이나 상황 혹은 단어들에도 똑같은 효과가 나타난다. 예를 들어 라디오에서 불과 몇 분 사이에 같은 상표의 짤막한 광고 두 편이 되풀이되는 것도 이런 효과를 노린 광고 전략이다. 엄청난 비용을 들여 곳곳에 상표를 노출시키는 것도 다 그만한 이유가 있다. 우리가 의식하든 그렇지 않든, 인정하든 아니든,

이러한 노출은 우리에게 실제로 막대한 영향을 준다.

심지어 반복 노출은 진실을 거짓으로, 거짓을 진실로 뒤바꿔 놓기도 한다. 우리는 같은 말을 여러 차례 들으면 그게 정말 옳다고 생각한다. 토크쇼를 보면 출연자들이 "그렇게 끝없이 되풀이한다고 해서 당신 말이 진리가 되는 건 아니야!"라며 서로 공격하는 장면을 자주 볼 수 있다. 그러나 안타깝게도 우리는 이른바 '진리 효과^{Truth effect}'로 인해 같은 말을 여러 차례 들으면 그것이 정말 맞다고 생각한다. 끝없이 똑같은 거짓말을 되풀이하는 사람에게 짜증을 내지만 결국 나중에는 그가 하는 말을 믿게 되는 것이다.

'단순 노출 효과'와 '진리 효과'로부터 우리는 뭘 배워야 할까?

첫째, 첫눈에 반하는 사랑에 너무 많은 것을 걸지 마라! 첫 인상이 그리 나쁘지 않구나 하는 생각이 들면, 침착하게 몇 번의 만남을 더 가지면서 서로의 감정이 어떻게 발전하는지 볼 필요가 있다. 이런 만남이 결국 사랑하는 관계로 발전할지, 아니면 그저 우정으로만 남을지는 당신이 상대방에게 어떤 매력을 느끼느냐에 달려 있다. 유감이지만 단순 노출 효과만으로 매력을 끌어올릴 수는 없다. 이 장에서 살펴본 '단순 노출 효과'를 인위적 희소화 전략을 결합하면 최상이다. 될 수 있는 대로 자주 모습을 보여주되, 쉬운 상대라는 인상은 결코 주지 않는 것이다.

둘째, 마음에 드는 사람을 만나면, 되도록 자주 그 사람 주변에 나타나라. 이를테면 회사의 대표이사에게 좋은 점수를 받고 싶다면 아침에 우연히 복도나 구내 식당에서 마주칠 기회를 많이 만들어라. 그러면 서로 이야기를 나눈 적이 없어도 대표 이사가 당신에 대해 갖는 호감도는 높아질 수 있다.

셋째, 만약 어떤 진실을 팔고 싶다면 염주를 돌리듯 반복하라. '꾸준히 떨어지는 물방울이 바위를 뚫는다'는 정말 깜짝 놀랄 정도로 번뜩이는 혜안을 자랑하는 속담이다.

넷째이자 마지막으로 짚을 점은 다음과 같다. 다른 사람들이 똑같은 수법으로 당신을 속이고 있는 건 아닌지 한번 살펴보라!

10초 만에 면접관의
호감을 얻는 한 마디

[유사성의 원리]

직장 동료와 이탈리아 레스토랑에서 점심을 먹었다. 그녀는 최근 좋은 일이 생겼다며 신나했다. 새 남자친구가 기가 막히게 잘생겼고, 타고난 리듬감과 음악 재능을 자랑한단다. 기타리스트인 그는 자신의 밴드와 함께 전 세계를 순회한단다.

"적어도 2년마다 사는 곳이 바뀌어."

샐러드와 파스타 사이에서 그녀의 얼굴이 발그레 빛난다.

"그렇지 않으면 지루해 견딜 수가 없대! 정말 멋지지 않아?"

그녀는 교외의 한적한 마을에서 태어나 자랐으며, 지금도 그곳에서 산다. 다만 은행의 인사과에 근무하느라 매일 대도시로 출퇴근할 따름이다. 정각 오후 4시면 칼퇴근을 한다. 거실의 소파에서 고양이 두 마리와 함께 노는 게 그녀의 가장 큰 즐거움이다. 당신이라면 그녀에게 뭐라고 말해주겠는가?

☐ 넌 정말 운도 좋구나! 정말 멋진 남자다. 정확히 너에게 맞는 남자야. 그와 함께라면 평생 지루할 일이 없겠다. 내가 항상 말했잖아. 극과 극이 서로 끌어당긴다고.
☐ 깨끗이 잊어! 그는 너한테 안 맞아. 유유상종이라는 말이 괜히 있겠니?
☐ 원나잇스탠드 감으로 딱이겠구나!

쉽지 않은 선택이다. 대중의 입은 얼핏 보기에 상반된 두 가지 지혜를 일러주기 때문이다. 우리는 기꺼운 마음으로 극과 극이 만나는 스토리를 꿈꾼다. 나와는 전혀 다른 백마 탄 왕자가 갑자기 나타나 새로운 세상을 보여주기 원한다. 정반대되는 성격이 만나 서로 보충해주는 공생관계를 이상적인 부부로 생각하기도 한다. 그렇다 보니 드러내놓고 자신과 비슷한 짝을 구하는 사람은 거의 없다. 사람들은 대개 한마디로 자른다.

'내가 나와 함께 사는 것은 원치 않아.'

그렇지만 부부가 오래 함께 행복하려면 어느 쪽이 더 나을까? 과학의 대답은 명확하다. 서로 닮은 점이 많을수록 부부는 오래 행복하다. 성격 차이는 이혼을 낳을 따름이다. 이는 출신, 나이, 교육 정도, 직업, 취미, 정치 견해, 성격, 소통 유형 등 거의 모든 특징에 적용된다.

서로 비슷한 점이 많은 사람끼리 호감을 느끼는 것을 '유사성의 원리Principle of similarity'라고 한다. 물론 우리는 누구나 할 것 없이 '짜릿한 다름'을 몹시 갈망한다. 그렇지만 한번 진지하게 생각해보자. '우리는 너무 닮았어'라는 이유로 이혼한 부부를 본 적 있는가? '성격 차이'가 가장 흔히 듣는 이혼 사유다.

치약튜브의 뚜껑을 열어 놓고 다니는 문제로 부부끼리 다투는 경우가 종종 있다. 그게 문제가 되는 것은 부부가 서로 다른 청결 취향을 가지고 있기 때문이다. 한쪽은 뚜껑 열린 게 아무렇지도 않은데, 다른 쪽은 그걸 견딜 수 없을 때 말이다. 반대로 이 취향이 같다면, 누구도 치약튜브를 들먹이지 않는다. 그게 열려 있든 닫혀 있든 신경조차 쓰지 않는다.

헤아릴 수 없이 많은 연구의 결론은 명확하다. 부부는 서로 닮으면 닮을수록 좋다! 그럼 가장 좋은 관계는 자신의 클론과 함께 사는 게 아닐까 하는 생각이 자연스레 고개를 든다. 실제로 인간은 비슷한 외모를 가진 사람에게서 신체적인 매력을 느낀다는 연구 결과가 있다. 본인의 얼굴 비율, 형태, 턱뼈 위치 등이 짝을 고르는 취향에 반영된다는 결과를 보여주는 실험이 있다. 실험 참가자들에게 여러 장의 사진을 주고 가장 매력적인 얼굴을 고르게 했더니 이들은 정확히 자신의 닮은꼴을 골랐다. 이런 현상을 두고 심리학은 '사회적 호모가미Social homogamy'라 부른다. 호모라고 해서 동성애를 뜻하는 게 아니라, 닮은 사람에게 끌리는 일반적인 현상을 일컫는 말이 '호모가미'이다. 부부가 실제로 닮아 보인다는 관찰은 과학적으로도 입증된 사실인 셈이다. 사랑 관계에만 적용되는 게 아니다. 친구, 직장 동료, 이웃 등도 서로 닮을수록 사이가 좋아진다. 그만큼 더 높은 호감을 주기 때문이다.

이런 배경에는 앞서 살펴본 단순 노출 효과가 있다. 자주 보는 것에 우리는 더 큰 호감을 느낀다. 그럼 우리가 매일 누구와 가장 자주 만나는가? 매일 거울에서 보는 사람, 곧 우리 자신이다. 그래서 우리의 뇌는 나와 닮은 것을 가장 좋아하는 것이다. 전혀 다른 생김새의 사람을 보면 복잡한 처리 과정을 거쳐 평가해야 하는 탓에 두뇌는 진절머리를 낸다. 그러니 이미 알고 있는 게 나타나면 얼마나 좋겠는가. 게다가 닮은 사람을 보며 만족감과 자부심을 느낀다. 남이 나를 인정해주었으면 하는 갈망, 사랑받고픈 끝없는 열망이 닮은 사람의 존재를 보면서 충족되기 때문이다.

그렇다면 '극과 극이 서로 끌어당긴다'는 말은 완전히 잘못된 것일까? 아니다. 그런 경우는 당신이 바람을 피우고 싶을 때에 일어난다. 이것이 과학적으로 증명된 '닮음 원칙'에서 벗어나는 예외이다. 오래 가지 않는 짤막한 모험을 즐기고 싶을 때, 우리는 나 자신과 전혀 다른 사람을 선호한다. 일상에서 일탈하고 싶은 마음은 나와 다른 사람에게서 가장 큰 만족감을 맛보기 때문이다.

이런 이치를 알아두면 우리는 솔직한 답을 얻을 수 있다. 현재 알고 지내는 관계가 그저 잠깐 스쳐가는 바람인지, 아니면 평생 갈 관계인지 하는 물음의 답 말이다. 간단하다. 두 사람이 얼마나 닮았는지 곰곰이 따져보라. 그럼 정직한 답이 나온다.

앞서 언급했듯 '닮음 원칙'은 사랑 관계에만 적용되는 게 아니다. 예를 들어 새 일자리를 찾을 때, 면접관과 많은 공통점을 발견할수록 당신의 취업 확률은 높아진다. 그러니까 면접을 볼 때 되도록 당신과 비슷한 면접관과 만날 수 있게 시도해보라. 나이, 출신, 교육, 가족 상황, 취미 등을 치밀하게 사전 취재해라. 그리고 실제 상황에서 이 공통점들을 남김없이 구사하자.

"제가 들은 게 맞는다면, 청소년 시절에 축구를 좋아하셨다고요? 저도 축구 광팬입니다……."

이 한마디가 그 어떤 증빙자료보다 훨씬 큰 도움을 준다. 심리학을 믿어라!

아내와 여동생의 사이가
좋지 않다면

(P-O-X 모델)

파티를 열면서 가족과 친구들을 초대했다. 기쁜 마음으로 정성껏 준비했다. 한 자리에서 그동안 보지 못했던 반가운 얼굴들을 본다고 생각하니 벌써 설렌다.

그런데 아내와 당신 여동생 사이의 분위기가 심상치 않다. 거기에 당신의 절친한 친구는 오래전부터 당신 남동생과 사이가 좋지 않다. 자리 배치는 어떻게 할지 이런저런 고민에 골치가 지끈거린다.

이럴 때는 대체 어떻게 풀어야 할까?

문제 해결의 실마리는 사회심리학에서 말하는 '균형 이론

Balance theory'에서 찾을 수 있다. 이 이론은 저마다 다른 의견과 태도를 가진 사람들이 어떻게 서로 적응하고 변화하는지 설명한다.

문제를 단순화하기 위해 세 사람으로만 국한해보자. 당신과 아내 그리고 여동생으로 관계의 삼각형에 초점을 맞추자. 세 사람 모두 저마다 자신의 생각에 따른 태도를 가진다. 그리고 이 태도들은 균형을 이루려는 경향을 보인다. 이 균형이 흔들린다면 무슨 일이 벌어질까? 당연히 우리는 다시금 조화를 이루려 시도한다. 그런데 다른 사람의 생각과 태도를 바꾸는 것은 거의 불가능에 가까운 일이기 때문에 우리는 간단하게 저항이 가장 적은 길을 선택한다. 즉 나 자신을 바꾸는 것이다.

심리학자 프리츠 하이더Fritz Heider는 1946년에 균형이 어떻게 이뤄지는지 설명하는 'P-O-X 모델'을 개발해냈다. 여기서 'P'는 우리 자신, 곧 당사자를 뜻한다. 'O'는 가장 가까운 상대이고, 'X'는 임의의 대상이다. 이 균형 삼각형에서 각 항의 태도는 저마다 긍정적이거나 부정적이다.

우리의 마음은 직접 두 눈으로 볼 수 없다. 그래서 심리학은 불가시적인 사유과정과 느낌을 모델화하기 위해 종종 비유를 쓴다. 하이더는 자신의 모델에서 수학의 기본 규칙 하나를 인간관계에 적용했다. 이를테면 '마이너스 곱하기 마이너스는 플러

스이다'는 식이다. 하이더는 태도 값의 결과가 긍정적이면 삼각형은 균형을 이루었다고 보았다. 이게 무슨 말인지 구체적으로 살펴보자.

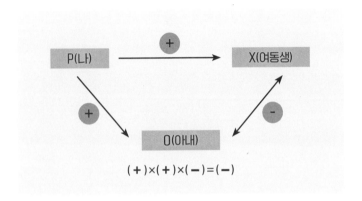

위의 삼각형은 결과가 '－'로 균형을 잃었다. 어찌해야 균형을 회복할 수 있을까? 'P', 그러니까 당신 자신이 다시 균형을 회복하고자 한다면, 다음의 두 사례를 통해 해답을 생각해볼 수 있다.

해결책 1은 당신이 여동생의 설득을 받아들여 그녀와 마찬가지로 아내가 잘못했다고 보는 경우이고, 해결책 2는 당신이 아내의 의견에 동조해 여동생이 잘못했다고 보는 경우이다. 그러니까 아내와의 긍정적인 관계에 더 중점을 두는 것이다.

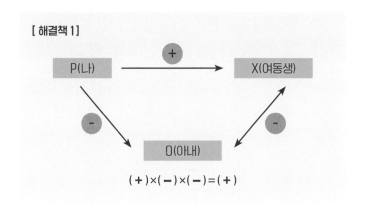

[해결책 1]

$$(+)×(-)×(-)=(+)$$

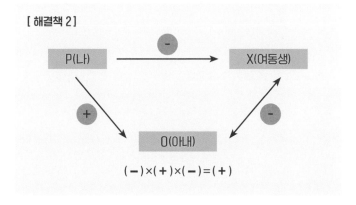

[해결책 2]

$$(-)×(+)×(-)=(+)$$

세상을 다시금 평화롭게 만드는 일은 결코 쉬운 게 아니다. 지금 살펴본 것은 지극히 간단한 삼각관계에 지나지 않는다. 세상에는 고려해야 할 변수가 너무나 많다. 위의 모델을 가족과 친구들 머릿수에 일일이 적용하고, 편을 갈라 시시비비를 벌이는 일에 활용하며 부디 즐겁기만을…… 어쩌면 파티 케이크에 머리를 박고 싶은 생각이 간절할지도 모르겠다. 어느 한쪽에 맞추려면 다른 편은 포기해야만 하는 세상 이치가 안타까울 뿐이다.

030

직장에서 서로 껄끄러워하는 동료가 있다면

[상호성의 원리]

당신 회사에 새로운 동료가 들어왔다. 당신과 그 동료는 영 딴판이다. 달라도 너무 다르다. 동료는 금요일 저녁이면 클래식 콘서트를 찾는다. 당신은 친구들과 축구를 즐긴다. 동료는 환경운동에 열성인 반면, 당신은 환경 히피들에게 시위라도 하듯 의도적으로 공병과 이면지를 일반 쓰레기에 버린다. 동료는 책상 위의 절반을 가족사진으로 채울 정도로 자상한 가장이다. 당신은 싱글로 자유를 만끽한다. 동료는 술이라고는 한 방울도 마시지 않지만, 당신은 퇴근하고 마시는 맥주야말로 하루의 피곤을 잊게 만드는 최상의 활력제라고 생각한다.

그런 당신이 새 동료를 좋아할까? 아마도 가까운 친구로 받아들이기는 쉽지 않으리라. 그런데 최근 새 동료가 구내식당에서 다른 직원들에게 당신을 두고 매우 긍정적인 평을 하는 것을 우연히 들었다. 당신의 늘 여유로운 자세, 업무를 훌륭히 처리하는 능력에 감탄했다는 것이다. 그러면서 당신에게 상당히 호감을 가지고 있다고 말한다. 이제 당신은 무슨 생각을 할까?

☐ 흠, 그 친구 보기보다 제법인걸. 그와 한번 재스민 차를 마시는 것도 나쁘지 않겠어.
☐ 무슨 꿍꿍이로 저런 소리를 하지? 아무래도 나를 환경운동으로 끌어들이려는 모양이군. 이제는 그에게 인사도 하지 말아야겠다.

우리는 앞에서 유사성의 원리를 통해 사람들이 자신과 닮은 점이 많은 사람을 좋아한다는 사실을 확인했다. 차이가 클수록 그만큼 꺼리는 마음도 커진다. 따라서 유사성의 원리를 곧이곧대로 받아들인다면 새 동료를 싫어해야만 마땅하다.

그런데 유사성의 원리보다 훨씬 더 강력한 원칙이 하나 있다. 그것은 '상호성의 원리Reciprocity principle'라는 원칙이다. 이 이론에 따르면 우리는 우리 자신을 좋아하는 사람을 편안하게 여기고 호감을 갖는다. 이 원리는 심지어 나와 조금도 비슷하지 않아 평소라면 강한 거부감을 갖는 사람일지라도 적용된다. 말하자면 상호성의 원리는 유사성의 원리를 간단하게 제압한다. 사랑받고자 하는 욕구가 그만큼 강렬하기 때문이다. 어떤 사람이 나를 좋아한다는 것을 알게 되면 다른 모든 원리는 깨끗이 무시된다. 그리고 상대에게 곧장 사랑으로 보답한다.

상호성의 원리는 실험을 통해서 효과가 입증되었다. 참가자들에게 성격 테스트를 하게 한 다음, 그 결과가 다른 참가자와 매우 다르다고 설명해준다. 이 '다른 참가자'는 연구진이 투입한 가짜 참가자였다. 실험 중간에 휴식을 갖자고 제안한 다음, 이 가짜 참가자는 무작위로 고른 참가자와 같은 공간에 머물며 대화를 나눈다. 이때 가짜 참가자는 상대방의 눈을 바라보며 허리를 숙이고 커다란 관심을 보이면서 당신이 좋다는 신호를 보낸다. 그러자 가짜 참가자가 별반 관심을 보이지 않은 비교 그룹의 실험 대상은 가짜 참가자에게 눈길도 주지 않은 반면, 관심의 신호를 받은 상대는 자신도 적극적으로 관심을 나타냈다.

나중에 모든 실험 참가자를 모아놓고 가짜 참가자에게 얼마나 호감을 느꼈는지 물었다. 실제로 관심을 받은 참가자는 상대에게 큰 호감을 가졌다고 고백했다. 물론 두 그룹 모두 테스트를 통해 서로 닮은 점이 전혀 없다는 사실을 알았음에도 말이다.

다른 실험에서도 비슷한 결과가 나타났다. 두 사람을 만나게 했는데, 그 전에 "지금 당신이 만나는 사람이 당신을 좋아한다"고 말해주거나 "지금 만날 사람은 당신을 좋아하지 않는다"고 말해줬다. 맞은편에 앉은 사람이 자신을 좋아한다고 믿은 실험 참가자는 상당히 친절하고 솔직한 태도를 보였다. 반대로 상대가 자신을 좋아하지 않는다고 여긴 실험 참가자는 쌀쌀맞았으며 노골적으로 거부감을 표시했다. 사전정보에 따라 대화 분위기는 하늘과 땅만큼이나 차이를 보였다.

일상에서 상호성의 원리는 때론 비극을 불러오기도 한다. 어떤 소문을 듣거나 상황을 잘못 해석하는 바람에 상대에게 앙심을 품는 일이 생기는데, 전형적인 사례가 인사하는 것을 깜빡해서 생기는 오해이다. 아는 사람을 우연히 슈퍼마켓에서 만났다고 해보자. 반가운 마음에 인사를 했는데 곧장 답례가 돌아오지 않으면 우리는 칼을 맞은 것처럼 쓰라림을 느낀다. '저 사람이 나를 좋아하지 않았구나. 그럼 나도 좋아하지 말아야지!' 이렇게 해서 우리는 상대의 인사를 거부할 뿐만 아니라, 눈길조차 마주치지 않으려 한다. 그러나 상대방은 그저 빠르게 반응하지 못한 것일 뿐이다. 다른 데 정신이 팔렸거나 시력이 좋지 않아 0.5초 정도 늦게 알아보았을 따름이다. 이제 그는 서둘러 인사를 하려 하지만, 때는 벌써 늦었다. 우리가 눈길조차 주지 않기 때문이다. 상대는 속으로 놀라움을 금치 못한다. '저 사람 왜 저래? 나를 좋아하지 않았던 거구나. 그럼 나도 좋아하지 말아야지!' 이런 식으로 오해는 걷잡을 수 없이 커져서 치명적인 결과를 불러온다.

그러므로 성급하게 판단하지 말고 상대에게 관심을 표하고 상대에게도 표현할 기회를 주는 게 현명하다. 우호적인 분위기를 만들고 싶다면 당신이 먼저 그 사람에게 관심을 보여주면 된다. 가장 효과적인 방법은 먼저 관심을 표하는 것이다. 서로 함께 아는 지인들에게 간단하게 다음과 같이 말하라.

"나 그 사람 너무 좋더라."

심지어 이런 식으로 당신은 사람들 사이에 우호적인 분위기를 조성해 서로 친구가 되게 할 수도 있다. 직장에 서로 껄끄러워하는 동료가 있다면, 두 사람을 각기 따로 불러 이렇게 이야기해주어라.

"나한테 그러던데 너를 참 좋아한대!"

이런 작은 거짓말은 기적을 일으킨다. 그리고 이런 말은 늘 허용된다. 왜냐고? 평화와 우정을 일구는 선행이지 않은가!

마지막으로, 앞서 설문에서 두 번째 답을 고른 사람에게는 다음과 같은 말을 해주어야겠다. 당신은 아무래도 자존감을 키우도록 노력하는 게 좋겠다. 상호성의 원리라는 것은 자존감이 지나치게 낮은 사람에게는 효력이 없기 때문이다.

Part 4

Nützliche Erkenntnisse der Alltagspsychologie

031

왜 우리는
거미보다 아기 곰을 좋아할까?

[평가자 간의 신뢰도]

동물원을 잠시 산책한다고 상상해보자. 어떤 동물이 매력적인가? 어느 녀석이 귀여워 기꺼이 만져보고 싶은가? 심지어 집에 데리고 가고 싶은 동물은?

□ 아기 곰
□ 플라밍고
□ 전기뱀장어
□ 마멋
□ 물범
□ 타란툴라
□ 비버

불쌍한 전기뱀장어……. 전기뱀장어를 택하는 사람들은 극소수에 지나지 않는다. 그렇지만 아기 곰이라면? 요즘은 동물원에 이른바 후원자 신청을 할 수 있다. 마음에 드는 동물을 골라 후원금을 내면 돈은 그 동물을 돌보는 데 쓰이고 후원자의 이름이 우리의 울타리에 공개되는 식이다. 기회가 있다면 그곳에 기록된 이름들을 살펴보라. 어떤 동물은 엄청난 인기를 누리는 반면, 후원자가 전혀 없는 동물도 있다. 어쨌거나 다행히도 전기뱀장어는 전류를 만들어낸다는 강점을 지녀서 에너지 관련 업체에 종사하는 사람들이 좋아해 후원을 하는 경우가 적지 않다고 한다.

그런데 왜 우리는 거미보다 아기 곰을 좋아할까? 둘 다 소중한 생명체이니 만큼 관심과 애정도 똑같이 생겨야 마땅하지 않을까? 흔히 생각하는 성격 때문에 그런 차이가 벌어지지는 않았으리라. 일반적으로 우리는 곰도 거미도 그 성격이 무엇인지 잘 알지 못하기 때문이다.

그렇다면 남는 답은 하나이다. 외모! 우리가 어떤 생명체를 좋아하는가 하는 물음의 답은 상당 부분 우리가 그 동물을 시각적으로 매력 있다고 느끼느냐에 달려 있다. 우리는 흔히 외모를 중시하면서도 이 사실을 솔직히 인정하지 않으려 든다. 적어도 소설가 오스카 와일드[Oscar Wilde]처럼 툭 터놓고 이야기하지는 않는다. 와일드는 자신의 소설《도리언 그레이의 초상[The picture of Dorian Gray]》에서 다음과 같이 노골적으로 비꼰다. '외모에 따라 판단하지 않는 사람은 속은 없고 오로지 겉만 가진 사람이리라.'

외모 중심주의는 동물을 대할 때뿐만 아니라 다른 사람을 대할 때에도 적용된다. 후광 효과에서 살펴봤듯이 잘생긴 사람은 상대적으로 훨씬 더 쉬운 인생을 산다. 그것도 태어나면서부터! 사람들은 미남과 미녀를 보면 실제로는 그런 것을 전혀 가지고 있지 않음에도 모든 긍정적인 특징을 갖다 붙인다.

이렇게 아름다운 외모가 너무나 결정적인 탓에 사람들은 아름다워지고자 아낌없이 많은 돈을 지불한다. 히알루론산 혹은 보톡스가 유행하고, 얼굴에 메스를 대는 일도 서슴지 않는다. 사람들은 자신이 못생겨 보이는 것을 매우 두려워한다.

그러나 다행히도 아름다움은 어디까지나 주관적이다. 그래서 "아름다움은 보는 사람의 눈에 있는 거야", "취향을 두고 다툴 수는 없다"는 말이 회자되기도 한다.

그럼 모든 게 견해 차이에 지나지 않을까? 무슨 말도 안 되는 말씀!

동물의 예에서 보았듯 대중은 대부분 비슷한 아름다움의 척도를 가지고 있다. 타인을 평가할 때에도 사정은 다르지 않다. 오래전부터 심리학자들은 매력에 대해 연구하며 다음과 같은 물음을 가졌다. '우리는 어떤 사람을 언제 아름답다고 보며, 왜 그런가?' 1980년대부터 우리는 이 연구로부터 다음과 같은 해답을 얻어냈다. 이른바 '평가자 간의 신뢰도^{Inter-rater Reliability}, ＊라는 현상에서 그 실마리를 찾았다. 이에 따르면 사람들은 아름다움을 상당 부분 같은 기준으로 평가한다. 그러니까 개인적 취향 운운하는 것은 말이 되지 않는 이야기이다.

한 실험에서 남자와 여자에게 50장의 인물 사진을 보여주고 미모 점수를 매기게 했다. 그런 다음 높은 점수를 얻은 사진에 나온 얼굴의 형태와 비율과 특징 등을 분석했다. 그 결과 남자들은 아기 같은 특징과 성숙도를 섞어놓은 여자의 얼굴을 매력적이라고 평가했다. 아기 같은 특징이란 큰 눈, 작은 코, 작은 턱을 말한다. 성숙도는 갸름한 광대뼈와 폭 팬 볼이다. 여자들도 마찬가지로 아기 같은 특징과 성숙도가 잘 어우러진 남자 얼굴을 좋아했다. 무엇보다도 커다란 눈과 길쭉한 광대뼈를, 그밖에 턱이 크고 두드러진 남자들도 점수를 땄다.

＊　Inter-rater Reliability: 다른 사람들이 동일한 관찰 대상에 비슷한 점수를 주는 정도. ‒ 옮긴이

사람들이 매력적으로 여기는 동물을 앞에서 말한 특징을 가지고 살펴보면 비슷하다는 것을 알 수 있다. 이 기준은 인간과 동물에게 똑같이 적용된다.

이런 기준은 심지어 문화의 차이도 뛰어넘는다. 실험에 사용된 사진들은 여러 나라의 사람들을 찍은 것이었다. 다른 문화권에서 치러진 동일한 실험에서도 똑같은 결과가 나왔다. 흔히 짐작하는 것과 달리 유럽이라고 해서 아시아 사람과 다른 미적 감각을 갖는 것도 아니었다.

남성이든 여성이든 매력적으로 보이는 특별한 비법은 어느 문화를 막론하고 높게 자리 잡은 광대뼈이다. 아쉽게도 당신이 이런 축복을 받지 못했다면, 수술이 아니고서는 바꿀 수 없다. 여성의 오똑한 코와 작은 턱 그리고 남성의 각진 턱도 마찬가지이다.

그러나 희망은 있다. 막강한 힘을 가진, 언제 어디서나 통하는 무기가 있는데 바로 큰 눈이다. 누구나 눈만 크게 떠도 충분히 매력적으로 보일 수 있다. 지금보다 잠을 약간 더 자라. 피곤한 눈으로 세상을 두리번거리는 사람이 매력적일 수는 없으니까. 눈을 의식적으로 크게 뜨는 것은 누구나 할 수 있는 일이다. 말하자면 훈련과 습관화의 문제인 셈이다. 다음 번 파티에서 누군가 사진을 찍거든, 더 이상 내일은 없을 것처럼 눈을 크게 떠라! 물론 이게 뭐하는 짓인가 싶겠지만, 사진을 보면 놀라리라.
그리고 아주 만족할 게 틀림없다. 앞으로는 크게 뜬 눈으로 세
상을 바라보자.

032

싸우지 않고 웃으며 갈등을 해결하는 법

[개입]

두 자매가 오렌지 하나를 놓고 다툰다. 말릴 사람은 당신 뿐이다. 어떤 해결책을 제시하겠는가?

해결책은 많다. 이번에는 언니가 오렌지를, 다음번에는 동생이 가지는 식이다. 아니면 거꾸로 하거나, 또는 오렌지를 정확히 반으로 갈라 절반씩 먹는다.

이 세 가지 해결책은 모두 공정하다. 그러나 이 세 가지 해결책은 모두 차선책에 불과하다.

그렇다면 최선의 방법은 무엇일까? 두 자매는 오렌지 문제로 의견 충돌이 생겨 갈등을 빚고 있다. 갈등은 어떤 목적이 다른 목적이 달성되지 않게끔 막아 한 체계 안에서 서로 다른 목적들이 충돌하는 상황을 말한다. 부모는 일요일에 산책을 가자고 하는데, 아이들은 텔레비전을 보자고 한다. 여기서 체계는 가족이며, 이 가족 안에서 '산책'과 '텔레비전 시청'이라는 동시에 달성될 수 없는 서로 다른 목표가 충돌한다.

또는 이렇게 말해볼 수도 있다. 당신 안의 '오락 장관'은 일주일에 사흘은 쉬자고 한다. 그러나 당신 안의 '경제 장관'은 주당 52시간은 일해야만 한다고 성화를 부린다. 여기서 체계는 당신 자신이며, 당신 가슴 안에서 두 가지 서로 다른 마음가짐이 충돌한다. 일주일에 사흘은 쉬어야 한다는 바람과 주당 52시간 근무라는 목표는 동시에 이뤄질 수 없다.

이 대목에서 우리는 다음과 같은 사실을 깨닫는다. 외적인 것이든 내적인 것이든 상관없이 갈등이라는 것 자체는 일단 완전히 중립적이고 무해하다. 다만 역동적인 긴장 상태가 문제가 될 따름이다. 그런데 사람들은 갈등이 두려운 나머지 갈등과 싸움을 동일시한다. 물론 싸움이라는 것은 갈등이 심화한 형태로, 말만 들어도 상당히 부정적인 느낌이 든다. 유명한 갈등 연구가 프리드리히 글라슬[Friedrich Glasl]은 갈등 정도를 아홉 단계로 나누어 구분했다. '차갑게 굳어짐'이 첫 번째 단계이며, '함께 곤두박질치며 추락하기'가 아홉 번째 단계이다. 결국 어느 지경까지 치닫느냐 하는 것은 우리가 갈등을 어떻게 이겨내는가에 달렸다.

그러므로 갈등을 부정적인 시각에서 벗어나 긍정적인 시각으로 바라볼 필요가 있다. 긴장감과 역동성을 불러일으키는 게 무엇인가? 운동과 변화와 발달이야말로 진화와 혁명을 이끄는 원동력이다.

좀 더 명확히 이해하기 위해 일요일에 일어난 가족 분쟁을 다시 살펴보자. 일반적으로 우리는 그런 상황에서 서로 자신의 입장, 그러니까 목표를 정당화할 구실을 찾는다.

"산책을 하며 신선한 공기를 마셔야 병에 걸리지 않아."

그러면 당장 이런 칭얼거림이 돌아온다.

"치, 왜 우리는 늘 엄마 아빠가 원하는 대로만 해야 해." 이렇게 폭풍 공격을 주고받으면 결국 어느 한쪽이 승리하고 다른 쪽은 패배의 쓴맛을 보게 마련이다. 일요일 오후는 쓰레기통에 처박히고 양쪽에는 냉랭함만 감돈다.

해결책은 구체적인 입장, 구체적인 희망을 포기하고 희망 뒤에 숨어 있는 욕구가 무엇인지 읽어내는 데 달려 있다. 이 가족에게 일어난 갈등의 배경을 살펴보고 개개인의 욕구가 무엇인지 짚어보자. 부모는 아마 힘든 한 주를 보낸 탓에 일요일에 산책을 하며 피로를 풀고 싶었으리라. 아이들도 역시 학교에서 힘겨운 한 주를 보냈기 때문에 텔레비전을 보며 해방감을 맛보고 싶었으리라. 그러니까 양쪽 모두 휴식을 원한 셈이다.

그럼 양쪽 모두 만족할 해결책이 과연 있을까? 겉보기로는 도저히 합의를 볼 수 없을 것만 같은 목표이지만, 마음 속 깊숙이 숨어 있는 갈망을 찾아내면 공통점이 드러난다. 그리고 이 공통점이 합의를 볼 수 있는 길을 열어준다.

응용심리학에서 말하는 갈등 해결책 '개입Intervention'은 이런 원리를 활용한다. 개입을 통해 서로 합의할 수 있는 해결책을 찾도록 동기를 부여하는 것이다. 점심때는 모두 산책을 하고, 오후에는 우르르 영화관으로 몰려간다든지, 아예 아이들이 좋아하는 영화관으로 산책을 간다든지 하는 것이다. 이런 해결책이면 모두 흡족할 수 있을 것이다. 처음에는 불편했던 갈등이 관심과 욕구에 초점을 맞춰 접근하자 해결의 실마리가 보인다. 역동적인 긴장상태는 당사자들로 하여금 운동과 변화와 발달이라는 의미에서 그런 긴장이 없을 때보다 훨씬 더 멀리 나아가게 만든다. 결국 모두가 '윈-윈Win-Win'하게 되는 것이다.

처음에 이야기했던 오렌지 갈등으로 돌아가보자. 두 자매와 이야기를 나누며 이들이 원하는 게 정확히 뭔지 알아보자. 확인 결과, 언니는 케이크를 굽는 데 쓰는 오렌지 껍질을 원했고 동생은 오렌지 주스를 만들고 싶었기 때문에 과육만 필요했다. 이

게 바로 '윈-윈'이다. 양쪽 모두 자신이 원하는 것을 100% 얻을 수 있다. 대부분의 문제는 이런 방식으로 해결이 가능하다.

'오락 장관'과 '경제 장관'이 벌이는 내면의 갈등도 크게 다르지 않다. 한쪽은 자유를, 다른 쪽은 경제적 안정을 희망한다. 이런 욕구들을 함께 고려하면 해결책은 얼마든지 찾아질 수 있다. 한동안 악착같이 일하고 그 보상으로 특별 휴가를 누리자. 업무에 집중해 승진 기회를 잡아 더 많은 자유를 누리자. 달콤한 휴식은 건강도 지켜준다. 이런 방식은 곧 안전한 삶을 이루는 방법이기도 하다. 그밖에도 해결책은 얼마든지 많다.

혹시 갈등에 휘말리게 되거든 다음과 같은 시도를 해보자. 잠시 마음을 가다듬고 내면의 눈으로 당신이 지금껏 살면서 겪었던 갈등을 돌이켜본다. 최소한 일 년에 한두 번쯤 그런 갈등을 겪었으리라. 그게 당신의 인생에 어떤 변화를 선물했는가? 앞으로는 갈등이 생기면 그 배경을 살피고 갈등을 겪는 상대방이나 다른 욕망들과 함께 윈-윈 할 수 있는 방법을 찾아보자.

이때 불가능한 희망이라면 깨끗이 잊어버리는 게 좋다. 헛된 희망에 너무 매달린 나머지 희망이 충족되지 않아 불행해하는 사람이 얼마나 많은가. 희망이 아니라, 그 뒤에 숨어 있는 욕구가 중요하다.

이른바 '오디션 쇼'에 출연해 스타가 되기를 꿈꾸는 많은 사람이 있다. 그리고 그 꿈이 실현되지 않아 슬픔에 젖은 인생을 살아가는 사람도 많다. 그런데 이 꿈 뒤에는 전혀 다른 욕구들이 숨어 있을 수 있다. 그냥 단순히 음악을 좋아하는 것일 수 있다. 이런 욕구는 다른 방법으로 충족할 수 있다. 악기 연주를 배우거나 밴드 활동을 하거나 음악 업계에서 일자리를 찾거나⋯⋯. 만약 유명해지고 싶은 욕구라면 그 역시 최소한 열 가지 이상의 해결책을 생각할 수 있다. 자원봉사로 명성을 쌓거나, 직업적으로 성공해 언론에 보도되거나 알려질 방법은 많기 때문이다. 그저 돈이 목적일 수도 있겠다. 이 욕구도 얼마든지 현실적으로 충족할 여러 가지 방법이 있다. 오디션 쇼에 나가는 대신 '누가 백만장자가 될까?' 하는 퀴즈쇼에 출연해보라. 좋은 수입을 약속해주는 직업이 어떤 게 있는지 알아보거나 로또를 사거나 부자와 결혼하거나⋯⋯. 아무튼 욕구를 들여다보면 '희망'은 결국 이루어진다.

033

상대방이 거절할 수 없게
부탁하는 법

[부정적 상태 감소 가설 VS 공감 이타주의]

새로운 자동차를 구입하느라 좀 무리를 했다. 그런데 돈이 급하게 필요하다. 저녁이면 자주 같이 술 마시러 가는 이웃에게 돈을 꾸고 싶다. 다음 세 가지 상황 가운데 어느 때 부탁하는 게 가장 좋을까?

□ 그가 아빠가 되었을 때.

□ 그가 막 아내와 이혼했을 때.

□ 지극히 평범한 날.

사람들은 대개 자발적으로 세 번째 상황을 택한다. 평범한 하루일 때 마음이 여유로우며 신경이 날카롭지 않다고 판단하기 때문이다. 그렇지만 그런 날이야말로 이웃이 당신을 도울 가능성이 가장 희박하다.

여러 연구에 따르면 사람은 자신이 기분이 좋을 때 흔쾌히 남을 돕는다고 한다. 기분이 좋으면 마음이 긍정적이고 개방적이 되어서 관대한 마음으로 다른 사람을 기꺼이 돕게 되는 것이다. 잠을 푹 자고 좋은 기분으로 출근하면 다른 날보다 동료들에게 친절하게 대하는 것처럼 말이다.

실제 실험에서 공중전화박스 안에 100원짜리 동전 하나를 놓고 그걸 발견하는 사람이 나타날 때까지 기다렸다. 그런 다음 연기자가 등장해 동전을 주운 사람 앞에서 가방을 떨어뜨리며 바닥에 서류들이 흩어지게 했다. 동전을 발견한 사람들 가운데 서류 줍는 것을 도운 사람은 16명 중 14명이었다. 약 88%에 해당한다. 비교를 위해 동전을 발견하지 못한 사람들은 얼마나 돕는지 시험해보았다. 이 경우에는 25명 가운데 단 한 명만 도왔다. 4%에 해당하는 비율이다. 동전을 발견한 사소한 기쁨 하나 때문에 남을 도울 확률이 20배가 넘게 높아진 것이다. 다른 사소한 장치도 비슷한 효과를 불러일으켰다. 이를테면 좋은 냄새나 아름다운 음악도 남을 도울 마음을 자극한다.

그런 의미에서 보자면 앞의 예시에서 이웃이 나를 도울 확률이 높은 날은 그가 아빠가 된 날이다.

그런데 더 놀라운 사실이 있다. 사람은 기분이 좋지 않을 때 더 열심히 남을 도우려 한다는 사실이다. 우리는 어떤 일에 죄책감을 느끼면 다른 좋은 일을 함으로써 그 죄책감을 상쇄하려는 경향을 보인다. 그래서 고해성사를 하러 가는 사람이 고해성사 이후보다 더 많은 기부를 한다. 고해성사 이후에는 이미 속죄를 받았다고 여기기 때문이다.

또, 다른 사람이 고통을 받는 것을 보면 아픔을 느껴 도우려는 마음이 든다. 예를 들어 누군가 눈앞에서 폭행을 당하면, 본인도 견디기 힘들 정도로 불편한 마음이 된다. 공감의 효과 때문이다. 얻어맞는 사람에게 감정이입을 해서 그 아픔을 똑같이 느낀다. 그래서 말리거나 경찰을 부름으로써 기분을 낮게 만들려 노력한다.

서글픈 감정에 빠진 사람일수록 기꺼이 남을 도우려 한다. 이른바 '부정적 상태 감소 가설Negative state relief hypothesis'에 따르면 기분이 나쁘면 상황을 개선할 가능성을 체계적으로 찾는다. 좋은 일을 함으로써 기분의 밸런스를 맞추려 한다는 것이다.

그럼 결국 우리는 기분의 밸런스를 맞추기 위한 이기적인 동기에서만 남을 돕는다는 말일까? 이 물음을 두고 학자들은 오래전부터 논쟁을 벌여왔다. 이른바 '공감 이타주의Empathy-altruism'

는 우리가 다른 사람에게 진정한 공감을 느낄 때 정말 자신을 돌보지 않는 헌신적인 도움을 줄 수 있다고 본다. 공감이 개인의 이해관계와 얼마나 밀접하게 맞물려 있는지는 이미 확인한 바 있다.

결국 '왜 돕는가' 하는 물음은 그리 중요하지 않다. 인간은 서로 돕고 살아야 한다는 사실이 중요하다. 그리고 이제 어떻게 해야 남의 도움을 잘 받을 수 있는지 알게 되었으니 이익이다. 앞으로 도움을 요청할 일이 생기면 아무리 급해도 그가 지금 어떤 상태인지 체크하라. 그가 나를 도울 마음이 없는 게 아니라 단지 타이밍이 좋지 않았던 것일 수도 있으니까 말이다.

불규칙한 보상이
기대 심리를 높인다

[조건 반사]

아이들이 또 약속을 깨버렸다. 그토록 주의를 주었건만 몰래 컴퓨터 게임을 하고 있다. 부하 직원들은 또다시 지시한 업무를 정확히 처리하지 않았다.

어쩌겠는가? 좋은 교육을 받은 예의바른 당신은 두 번까지는 자비롭게 눈감아준다. 세 번째에 이르러서야 비로소 친절하지만 단호한 목소리로 '경고'를 했다. 그리고 내심 '앞으로는 이런 일이 없겠지'라고 생각했다.

그러나 기대했던 것과 정반대의 결과가 나왔다. 아이들과 약속이 깨지는 상황이 더 자주 벌어지고 아이들은 점점 더 뻔뻔해졌다. 직원들은 거의 아무것도 하지 못하고 일처리도 계속 미뤄졌다.

학습 심리학에서 말하는 '조건 반사^{Conditioned reflex}'를 살펴보자. 귀여운 강아지에게 맛있는 뼈다귀를 주며 앞발을 달라고 하면, 강아지는 자동으로 발을 내민다. 강아지는 단지 뼈다귀를 먹기 위해서 그런 행동을 한 것이지만 그럼에도 주인은 좋아 어쩔 줄을 모른다. 어느 날 보상인 뼈다귀를 주지 않으면 발을 내밀던 귀여운 행동은 금세 사라진다.

어떻게 하면 강아지가 뼈다귀가 없어도 앞발을 내밀게 할 수 있을까?

심리학은 한 가지 놀라운 술수를 알고 있다. 그럴 때는 미끼를 간헐적으로 주면 된다. 다시 말해 보상을 불규칙적으로 주어 기대 심리를 높이는 것이다.

보상으로 주는 뼈다귀를 이따금씩 문득 생각난 것처럼 주면 강아지는 매번 발을 내밀면서 언젠가는 좋은 뼈다귀를 깨물 수 있으리라는 희망을 놓지 않는다. 말하자면 중간에 보상 휴식 기간을 두는 것이다. 발을 내밀되 아무것도 얻지 못하는 이 시기를 강아지는 휴식 시간이 길어진 것으로 여긴다. 실제로 강아지를 훈련할 때 통하는 방법이다.

이것이 당신에게는 무엇을 뜻할까?

첫째, 만약 당신이 교육 목적으로 누군가 기대되는 행동을 하게 만들고 싶다면 간헐적 보상, 즉 불규칙적인 보상을 강화하는 게 좋다. 불규칙적인 보상으로 기대한 행동이 오래 지속되게 만들 수 있다. 그러나 잊지 말아야 할 점이 있다. 인생의 거의 모든 일이 그렇듯 간헐적 보상이라는 방법도 달콤한 이면에 어두운 그늘을 숨기고 있다.

둘째, 불규칙적인 처벌은 간헐적인 보상과 똑같다. 이따금씩 점잖게 경고하는 것으로 아이들이나 직원의 태도를 바꿀 수 있다고 믿는다면, 그것은 엄청난 착각이다. 세 번의 잘못을 저질렀는데 그중 두 번을 처벌하지 않고 그냥 넘어가면 상대방은 내심 그게 보상이라고 여긴다. 그러면 하지 말라고 한 행동(약속 깨기, 텔레비전 시청, 업무 태만 등)을 계속할 뿐더러 더 많이 하게 된다.

그러니 처벌해야 할 때는 제대로 하라. 보상은 될 수 있으면 아끼되 처벌은 일관되게 하라. 사정을 봐주다보면 상황을 더 나쁘게 만들 따름이다. 잘못을 눈 감고 넘어가는 일이 없어야 보상도 제대로 효과를 낼 수 있다.

'처벌은 반드시 필요하다'는 말이 괜히 나온 게 아니다. 학습 심리학은 처벌의 효과를 과학적으로도 입증했다. 찔끔찔끔하는 처벌은 매번 사탕을 주는 것만큼이나 비효율적인 교육법이다. 잘못을 반드시 짚고 넘어가는 처벌은 간헐적인 보상만큼 효과적인 방법이다. 강아지에게는 절대 비밀이다.

035

감정을 소홀히 여기면
치명적인 결과를 낳는다

[마음 청소]

봄맞이 대청소를 한다. 털고 쓸고 닦고 구슬땀을 흘리며 모든 것을 반짝반짝 빛나게 만든다.

청소를 마치고 집 안을 둘러보니 모든 것이 깔끔하게 정돈되어 있으며 깨끗한 향이 난다. 기분도 좋다. 그런데 우리 내면의 위생은 어떨까? 안타깝게도 마음을 청소하는 일은 대개 거의 하지 않는다. 마음을 돌보지 않는 것이다.

심적인 부담이나 장애를 개별적 처방으로 예방하는 마음 청소는 오래전부터 확고부동하게 자리 잡은 개념이다. 마음 청소는 곧 우리 마음의 건강을 돌보는 일이다. 이런 처방은 매우 다양할 수 있다. 여기서는 우리의 일상에 도움을 주며 마음을 건강하게 유지해주는 한 가지 중요한 방법을 소개하겠다.

우리는 이따금씩 좋지 못한 경험 때문에 상처 받고 상실감에 괴로워하거나 슬픔과 같은 강렬한 감정에 시달린다. 그런 감정은 때로 몹시 불편하고 심지어 아주 위협적일 때가 있기 때문에, 우리는 자신을 위해 잊어버리려고 한다. 이런 것을 두고 심리학은 '억압Repression'이라 부른다. 인간의 기본적인 방어기제 가운데 하나가 억압이다.

잊어버리는 것은 부담을 떨쳐버리니까 상당한 도움을 주는 것처럼 보이지만, 다른 한편으로는 무서운 결과를 낳을 수 있다. 억눌려진 감정은 잠재의식에 숨어서 계속 활동하며 우리에게 영향을 줄 다른 길을 찾으려들기 때문이다. 이런 식으로 우리 의식의 심층에 숨은 억눌린 감정은 점차 우리 몸을 병들게 만든다. 마음과 몸이 얽혀 빚어내는 질병으로는 불면증, 우울증, 만성피로, 위장병 등이 있으며, 심각할 경우 암까지 유발한다.

물론 몇 달 혹은 심지어 몇 년이든 할 수만 있다면 외면하는게 편하게 여겨질 수 있다. 그러나 억압된 문제를 해결하기 위해서는 결국 그 문제를 밖으로 드러내 두려움과 직면해야 한다. 이런 사실을 배우는 데 너무 큰 비용을 지불하는 것은 대단히 안타까운 일이다. 최근 연구 결과는 성인의 25%가 최소한 한 번 이상 몸과 마음이 얽혀 빚어지는 질병, 이를테면 수면장애나 우울증 등을 앓는다고 한다. 더욱이 이런 경향은 계속 늘어나는 추세이다.

이 지경까지 이르지 않으려면 한시라도 빨리 마음 청소 작업을 벌여야만 한다. 핵심은 억압이라는 심리의 원리를 건설적인 방향으로 유도하는 데 있다. 불편한 의식 내용(생각과 느낌)을 억누르려 하지 말고, 진지하게 받아들이고 존중해주자. 그리고 그 일의 책임을 당신이 개인적으로 믿는 보다 높은 심판관에게 맡기자. 여기서 심판관은 어디까지나 당신이 개인적으로 믿는 차원의 어떤 것이다. 신이나 하늘, 빛, 운명, 우연 등이 그 심판관의 자리에 올 수 있다.

다음과 같은 지극히 간단한 연습으로 당신은 언제 어디서나 철저하게 마음을 청소할 수 있다.

1단계 생각과 감정을 총동원해 당신이 느끼는 고통 안으로 들어가라. 상황을 두 눈으로 보듯 그려보며, 관련 당사자들을 살펴라. 그리고 그들의 느낌을 깊숙하게 헤아리자. 집중력을 가지고 주의 깊게 상상해보자.

2단계 당신의 감정을 정확히 표현하라. 온전히 의식해서 다음과 같이 말하자. '나는 ＿＿＿＿＿＿다.'(공란에는 당신의 느낌을 써넣어라. 이를테면 '두렵다, 화가 난다, 슬프다, 걱정스럽다, 외롭다, 절망적이다' 등등)

3단계 다음과 같이 말하자. "그래, 그건 바로 내 ＿＿＿＿＿＿이다.(두려움, 분노 등 위에서 확인한 감정을 공란에 써넣는다.) 나는 ＿＿＿＿＿＿을 느낄 권리가 있다. ＿＿＿＿＿＿은(는) 내 인격의 자연스럽고도 소중한 부분이다."

4단계 머릿속으로 당신의 감정을 가지고 일종의 동영상을 찍어라. 그리고 이 동영상을 상상 속의 CD나 DVD에 담는다. 이 상상의 CD나 DVD를 안전한 장소, 예컨대 당신만이 접근할 수 있는 금고 같은 곳에 보관한다.

5단계 이제 당신은 여러 가지 가능성을 가진다. 앞으로 언제라도 당신의 감정을 의식적으로 다루며 대결할 수 있다. 상황이 적절하다면 말이다. 이 목적을 위해 당신의 동영상을 은밀한 장소에서 꺼내 감정이 그리는 장면들을 감상하라. 언제라도 동영상을 멈추거나 끌 수 있다. 다시 말해서 컨트롤은 어디까지나 당신이 한다.

이 방법이 싫으면 다음과 같이 말해 보라. "그건 내 ＿＿＿＿이다.(감정) 나는 내 인격의 일부로 ＿＿＿＿을 인정한다. 이제 나는 내 ＿＿＿＿의 책임을 보다 높은 힘에게 돌린다. 이 힘이 이

제부터 내 _____을 처리해야 한다." 상상으로 이 CD나 DVD
를 로켓에 탑재해 점화한 다음 될 수 있는 한 멀리 보내라. 달나
라까지도 좋다. 이런 식으로 당신은 감정의 책임을 더 높은 힘에
맡길 수 있다.

이런 마음 청소 작업은 무슨 의미를 가질까?

첫째, 다양한 감정을 자신의 일부로 인정하고 존중하게 된다.
그렇게 하는 것이 당연한 것 같지만 보통 우리는 특정 생각과
감정을 허용하지 않거나 억누르려 애를 쓴다. 자신의 감정을 두
고 부끄러워하는 일도 자주 벌어진다. 어린 시절부터 증오와 분
노 같은 감정이 좋게 받아들여지지 않는다는 경험을 해왔기 때
문이다. 이게 바로 많은 사람이 자신의 솔직한 감정에 접근하기
어려워하는 주된 원인이다. 나쁘거나 악하거나 부적절한 것은
느껴서는 안 된다고 배운 탓이다. 그러나 분노와 증오 같은 감
정이야말로 우리 인격의 자연스럽고도 정당한 부분이다. 오랜
세월 이런 감정을 억누르면 무의식적인 고통과 질병에 시달릴
수 있다. 그러므로 모든 것을 허용하고 인정해야 한다.

물론 그렇다고 반드시 감정을 밖으로 분출해야 한다는 말은
아니다. 우리는 일상에서 감정을 느끼는 것과 분출하는 것을 혼
동하는 잘못을 저지른다. 동료가 거듭 당신을 괴롭히는 탓에 느

끼는 분노는 정당하고도 정상적인 것이지만 그렇다고 동료를 두들겨 팰 수는 없는 노릇이다. 아무리 정당한 이유가 있더라도 특정 행동에는 예측 가능한 책임이 따른다. 그렇다고 감정을 소홀히 다루거나 억압하다가는 더 치명적인 결과를 낳는다. 그래서 앞에서 말한 1~3단계가 필요한 것이다.

둘째, 4단계와 5단계는 치료 상으로도 상당한 도움을 주는 방법이다. 예컨대, 위중한 트라우마를 성공적으로 치유할 수 있는 방법이다. 트라우마에 빠진 당사자의 생각과 느낌은 워낙 강렬해서 그의 인격을 완전히 점령한다. 그래서 정상적인 생활이 불가능해진다. 자신의 생각과 감정을 통제할 힘을 잃어버리기 때문이다. 이럴 때 억압을 컨트롤해 무해하게 만드는 기술은 트라우마 치료에 탁월한 효과를 발휘한다. 생각과 감정을 다시금 장악할 수 있기 때문이다. 우리의 생각과 느낌을 솔직히 인정하고 진지하게 받아들이며 우리 인격의 일부로 존중해주자. 그러면서 언제 분출하고 어떻게 다스릴지는 스스로 결정하자.

모든 상황에서 자신의 생각과 느낌을 분출할 수는 없다. 그러므로 우리는 속내와의 대결을 나중 시점으로 미뤄두는 법도 배울 필요가 있다. 그래야 내면의 격정에 사로잡히지 않을 수 있다. 그럼에도 강렬한 생각과 느낌을 스스로 감당할 수 없다면 이제 그것이 온 곳으로 되돌려 보내자. 이로써 우리는 통제력을 회복한다. 말이 나온 김에 한마디 더한다면 통제는 늘 반복해서 말하는 우리의 거대한 주제임을 언급하지 않을 수 없다.

036

왜 나는 싫어도 싫다고
말하지 못할까?

[동조 현상]

사무실에서 팀 회의가 열렸다. 동료가 자신의 새로운 마케팅 기획안을 설명한다.

'저건 안 되겠는데……'

내심 이렇게 생각한 당신은 몇 가지 비판할 대목을 부지런히 메모한다.

"다른 사람들의 생각은 어때?"

사장이 묻는다.

첫 번째 동료가 발언한다.

"끝내주는데요!"

당신 옆자리의 여직원도 훌륭하다는 의견이다. 나머지 여섯 명도 입을 모아 칭찬한다. 모두 열광한 표정이다.

205

이제 당신이 발언할 차례이다. 무어라 말하겠는가?

비록 불편한 진실일지라도 자신의 의견을 똑 부러지게 밝히면서 개성을 과시할 멋진 기회이다. 우리는 모두 자기만의 독특함을 자랑하고픈 갈망을 가지고 살아간다. 틀림없이 우리는 회의에서 자신의 의견을 분명하게 대답하리라.

하지만 실제로 이런 상황에 처하면, 우리는 거의 모두 자신의 의견을 내세우지 못한다. 지금까지의 모든 연구 결과가 그 사실을 증명한다. 인간은 대개 현실의 상황에 적응하려 노력한다. 다시 말해 당신도 결국 동료의 제안을 좋다고 얘기하고, 비판점들을 적은 메모지를 쓰레기통에 버릴 것이다.

어째서 그런 걸까?

심리학에서는 이런 현상을 '동조Conformity'라고 하는데, 동조는 인간이 자신을 집단에 맞추려 하는 경향을 뜻한다.

동조가 일어나는 주된 원인으로는 '정보 영향'과 '규범 영향' 두 가지를 꼽는다. 너무 어려운 말이니까 간단하게 '빌리고 굽힌다'로 부르자. 우리는 다른 사람으로부터 정보를 빌리거나, 다른 사람의 판단에 굴복한다.

그럼 첫 번째 '빌리는 일'부터 살펴보자. 우리가 상황을 즉각적으로 정확하게 판단할 수 없는 일은 자주 벌어진다. 정보가 부족하거나 같은 정보라도 달리 해석될 여지가 충분하기 때문이다. 그러면 우리는 간단하게 주변을 돌아본다. 우리 주위의 다른 사람들은 어떻게 행동하는지 훔쳐본다. 그러니까 우리는 주변의 사람들로부터 정보를 빌린다. 이게 바로 '정보 영향'이다.

정보 영향이 실제로 어떻게 이루어지는지 확인하기 위해 어두운 공간 안에서 사람들에게 빛으로 만든 점 하나를 보여줬다. 이 실험을 이해하려면 먼저 사전 정보를 알아야 한다. 사람의 눈은 어두운 공간에서 빛으로 만든 점 하나를 볼 때, 착시현상을 일으킨다. 실제로는 같은 자리에서 꼼짝도 하지 않음에도 점이 움직인다고 생각하는 것이다. 게다가 사람들은 저마다 다른 운동을 본다. 이런 현상을 두고 '자동운동 효과^{Autokinetic effect}'라 부른다. 이런 식으로 실험 참가자들은 정보가 불투명한 상황에 직면한다. 무엇보다도 저마다의 주관으로 다르게 보는 상황이 연출된 셈이다.

이제 참가자들에게 점이 어떻게 움직이는지 물었다. 각자 따로 물어보았을 때, 사람들은 완전히 다른 평가를 내놨다. 5센티미터 움직였다는 사람이 있는가 하면, 50센티미터나 움직였다고 주장하는 사람도 있었다. 그러니까 본인이 보고 느낀 그대로 발언한 셈이다. 그러나 모두 함께 있을 때 물어보니 돌연 모든 참가자들이 의견의 일치를 이루었다. 예를 들어 그룹에서 처음 발언한 사람이 10센티미터 정도 움직였다고 하자 다들 그렇다고 고개를 끄덕인 것이다. 우리는 자신의 판단이 불확실하다고 생각될 때 다른 사람의 정보를 믿고 의지함으로써 메우려 한다.

이런 이유로 사람들은 일치된 행동을 자주 보이게 된다. 앞에서 예로 든 회의 상황처럼 모두가 동료의 기획안을 칭찬하면 정말 자신의 생각처럼 나쁜 점이 있는 건지 갑자기 불안해진다. 그리고 일단 불안해지는 순간 다른 사람들의 정보를 빌려온다. 모두 입을 모아 말하지 않던가, 끝내준다고! 결국 우리는 다른 사람들이 옳은 정보를 가졌다고 확신하기에 이른다. 말하자면 자신의 확신을 다른 사람에게 맞추며 순응한다.

두 번째 '굽힌다'를 살펴보자. 물론 자신의 생각이 절대 옳다고 자신하는 경우도 있다. 이럴 때는 다른 사람의 정보를 필요로 하지 않는다. 그렇다고 자신의 확신을 바꾸는 것도 아니다. 다만 자신의 생각과 반대되는 결정을 내릴 따름이다. 왜? 다른 사람들이 그런 결정을 내렸으니까. 빛 점 실험을 약간 변형해 착시 없이 누구나 객관적으로 똑같은 것을 보게 만들었다. 예를 들어 사람들에게 두 개의 선을 보여주고 어느 선이 더 긴지 물었다. 객관적으로 볼 때 맞는 답은 단 하나뿐이다. 일 대 일로 물었을 때 모두 옳은 답을 말했다. 이제 사람들을 모아놓고 물었다. 처음에 두 명의 연기자가 먼저 틀린 답을 말했다. 그러자 돌연 참가자들의 대다수가 틀린 답에 동조했다. 어느 선이 더 긴지 정확히 보았음에도!

왜 우리는 이런 행동을 보일까? 한마디로 다른 사람들에게 못되게 구는 것처럼 보이기가 싫은 탓이다. 상대방과 다른 결정을 내리면 그가 나를 싫어하는 것은 아닐지, 심지어 망신을 당하는 것은 아닐지 두려운 마음이 생긴다. 비슷한 견해를 가진 사람을 더 좋아하게 되는 유사성의 원리를 떠올려보라. 실제 실험에서 그룹과 반대되는 행동을 할 때 우리 뇌에서 나쁜 감정을 담당하는 영역이 활발히 움직이는 게 입증되었다.

이런 사정은 심지어 전혀 모르는, 다시는 볼 일이 없는 사람들 속에서도 적용된다. 어떤 집단이든 그 안에서 반대 의견을 내기 쉽지 않은 이유이다. 이런 현상을 심리학은 '집단 압력Peer pressure'이라고 부른다. 그러나 집단 압력이 얼마나 강하게 우리 인생을 좌우하는지 아는 사람은 극소수에 지나지 않는다. 특히 전문가라는 권위를 내세우는 사람에게 우리는 강하게 쏠린다. 이런 현상이 나타난다는 것은 사실 그 자체로는 별로 놀라운 이야기가 아니다. 그런데 1960년대에 심리학자 스탠리 밀그램Stanley Milgram이 행한 실험은 세계를 충격의 도가니로 몰아넣었다. 밀그램은 '복종 실험'이라 불리는 실험으로 당시 엄청난 사회적 파문을 불러일으켰다. 실험 참가자들은 죄수로 꾸민 연기자에게 전기 충격을 주라는 과제를 받았다. 그들은 처벌이 학습과 어떤 연관이 있는지 알아보는 실험인 줄 알고 참여했다. 전압은 꾸준히 올라가 400볼트를 넘는 지경에 이르렀다. 연기자는 비명을 지르며 반항하다가 결국 축 늘어져 아무 반응을 보이지 않았다. 그럼에도 실험 참가자 대다수는 실험 감독의 요구에 순종하며 계속 전압을 높였다. 이들은 책임을 너무도 쉽사리 권위자에게 떠넘겨버리는 충격적인 행동을 보였다. 지극히 정상적인 사람이 그처럼 남김없이 자신의 양심을 포기하고 권위로 꾸며진 인물에게 복종하리라고는 누구도 예상하지 못했다.

물론 일사불란하게 행동하는 게 나쁜 것만은 아니다. 좌우를 주의 깊게 살펴야 올바른 정보를 얻는 경우도 있기 때문이다. 사람들이 자신의 고집만 내세운다면 사회는 유지될 수 없다. 다만, 중요한 것은 우리 행동의 배경을 정확히 의식하는 일이다. 다음에 이런 상황을 만나면 먼저 자신에게 이렇게 물어라.

'지금 이런 행동을 하는 게 정말 나 자신일까? 혹시 정보 영향이나 규범 영향이 작용하고 있는 것은 아닐까?'

037

위급한 상황에서 '가만히 있으라'라는 말을 따르는 심리

[방관자 효과]

어떤 사람이 돌연 심장마비를 일으켰다. 그는 어떤 상황에서 가장 잘 살아남을 수 있을까?

□ 야근을 하느라 저녁 늦은 시간까지 사무실에 남아 있을 때. 모두 퇴근하고 동료 여직원 한 명만 옆방에 남았다. 그러나 그녀는 임신 중이어서 걷기도 불편할 뿐더러 응급처치법도 모른다.

□ 지하철에서. 주변에 사람 30명이 있고, 거의 모두 휴대폰을 가졌으며 신체도 건장하다.

우리는 흔히 어려움에 처했을 때 주변에 사람이 많이 있는 쪽을 선호한다. 단 한 사람에게만 의존하는 것은 위험하게 느껴지기 때문이다. 사람이 많을수록 그 가운데 우리를 도울 수 있고, 또 돕기 원하는 누군가가 있을 확률이 높다고 믿는다. 과연 그럴까?

현실은 다르다. 비상상황에는 될 수 있는 한 주변에 사람이 적게 있는 쪽이 살아남을 확률이 훨씬 높다.(물론 최소한 한 명은 있어야 한다.) 예를 들어 누군가 공공장소에서 강탈을 당하는데 주변에 적지 않은 사람들이 있었음에도 아무도 도울 생각을 하지 않는다. 눈치만 보다가 마침내 도움의 손길이 나타나기까지 귀중한 시간이 허비되고 만다. 이런 기사를 읽는 사람들은 경악해 마지 않는다. 어떻게 이런 일이 벌어질 수 있을까 하고 한탄한다. 우리는 정말 비겁한 이기주의자들로 가득 찬 사회에 살고 있는 것일까?

이런 현상을 심리학에서는 '방관자 효과Bystander effect'라고 하는데, '제노비스 신드롬Genovese syndrome'이라고도 부른다. 미국 여성 키티 제노비스Kitty Genovese는 1960년대에 뉴욕 시티에서 잔혹한 폭행을 당한 끝에 살해되고 말았다. 그녀를 습격한 강도의 폭행은 30분이 넘게 지속되었다. 수사 결과 최소한 38명의 사람이 이 현장을 목격하거나 싸우는 소리를 들었다. 그러나 그들 가운데 그녀를 도운 사람은 아무도 없었다.

이 경우 어떤 집단 심리가 작용한 것일까? 우선 이미 살펴본 바 있는 '정보 영향'과 '규범 영향' 두 가지 현상들이 맞물려 작용했다고 볼 수 있다.

비상상황에서 우리는 거의 예외 없이 불안하다. 그런 일은 일상에서 쉽게 겪는 일이 아니기 때문이다. 어떻게 대처해야 좋을지 몰라 전전긍긍한다. 그래서 자기도 모르게 자문한다. '지금 대체 무슨 일이 벌어지고 있는 거지? 정말 위험한 거야, 아니면 그렇게 보이는 것일 뿐이야? 뭘 어떻게 해야 하지?' 비상상황에서는 고민할 시간도 촉박하다. 그럴 때 우리는 오래 고민할 거 없이 주변의 반응을 보고 따라서 행동하게 된다.

'연기 실험'은 이런 심리를 잘 보여준다. 실험 참가자들이 대기하고 있는 공간에 갑자기 문틈이나 창문으로 연기가 스며들게 만들었다. 실험 공간에 혼자 있었던 경우에는 대부분 서둘러 공간을 벗어났다. 다른 방에는 연기자를 심어 연기가 피어오르는데도 차분하게 앉아 있는 모습을 연출했다. 그러자 참가자들은 침착하게 그대로 머물렀다. 심지어 연기가 자욱해져 서로 볼 수 없는 지경에 이르러서도 말이다. 비행기 안에서 뭔가 타는 냄새가 나면 우리는 서둘러 주변을 돌아보며 다른 사람들이 어떻게 반응하는지부터 살핀다. 그리고 사람들이 조용하면 '뭐 별

일 아니구나'라고 자동적으로 생각한다.

하지만 이런 지레짐작은 치명적인 결과를 불러올 수 있다. 다른 사람이라고 해서 더 많은 정보를 가지고 있는 것은 아니기 때문이다. 사실 모두 어리둥절해서 서로 쳐다볼 따름이다. 그런데 어리둥절해서 기다리는 사람들의 눈빛을 우리는 보통 이렇게 해석한다. '저 사람이 침착하고 여유롭게 있는 것을 보니 별일 아니로구나.' 이런 효과를 우리는 '다중의 무지Pluralistic ignorance'라 부른다. 누구도 흥분하지 않으면 우리도 흥분하지 않는다. 그러다가 이른바 전문가라는 사람이 나타나 전문지식을 뽐내면, 우리는 얼른 그에게 따라붙는다. 자칭 전문가에게 전폭인 신뢰를 보낸다. 그러나 전문가라도 돌발 상황을 모두 통제할 수 있는 건 아니다. 다만 다른 사람보다 좀 더 자신 있게 행동할 뿐이다.

휴가철만 되면 우리는 비극적인 사고 소식을 듣는다. 보기에도 위태위태한 낡은 배가 승객을 가득 태우고 항해를 하다 침몰하고 만다. 한눈에도 만취한 게 분명한 버스 기사가 버스에 관광객을 태운 채 나무를 들이받는다. 나중에 기자들이 묻는다. 한눈에 봐도 위험해 보이는데 거기 타는 사람들은 뭐죠? 답은 간단하다. 남들이 타니까! 위험해 보이지만 남들이 아무렇지도 않게 배와 버스에 오르는 걸 보면서 별로 위험하지 않다고 믿어버린 것이다.

2001년 9월 11일 뉴욕에서 첫 번째 여객기가 세계무역센터를 들이받기 직전, 빌딩에서는 신속히 안내 방송이 울려 퍼졌다. 동요하지 말고 모두 사무실에 남아 구출을 기다리라는 안내였다. 이것은 그 빌딩의 비상사태 대비 매뉴얼이었으며, '전문가'는 결정적인 순간에 그 매뉴얼에 따르는 게 좋다고 강조했다. 본능에 따라 계단을 뛰어 내려갔던 근무자들은 전문가의 지시에 따라 다시 사무실로 올라가야만 했다. 그리고 사무실에 남은 사람은 단 한 명도 살아남지 못했다. 살아남은 사람은 자신의 본능과 감각을 믿었던 이들뿐이었다.

'방관자 효과'로 돌아가 다음과 같은 물음을 생각해보자. 왜 위급한 상황에서 사람들은 구경만 하고 도우려 하지 않을까? 지하철에서 누군가 폭행을 당하는 순간을 맞닥뜨리면 처음에는 상황이 불분명할 수 있다. 어쩌면 건달끼리 못된 장난을 벌이는 것일 수도 있다. 곧 장난질을 멈추거나, 아니면 희생자가 자신을 방어할 충분한 힘을 가졌을 수도 있다. 그러다 모든 게 명확해지는 순간이 찾아온다. 피해자가 소리쳐 도움을 요청한다. 비로소 심각한 위험에 빠진 사람이 도움을 청한다는 것을 알게 되었다. 그럼에도 대중은 아무 일도 없는 것처럼 행동할 따름이다. 이런 현상을 심리학은 '책임감 분산Diffusion of responsibility'이라 부른다. 주변에 사람이 많을수록 피해자를 도와야 한다는 책임감이 분산되는 현상이다.

우리는 여기서 무얼 배워야 할까?

첫째, 위기상황에서 우리의 목숨을 구해주는 것은 본능적 감각이다. 상황이 잘 가늠되지 않는 경우 자신에게 이렇게 묻자.

'여기 다른 사람이 아무도 없다면, 나는 무얼 어떻게 할까?'

그리고 다른 사람이라고 해서 당신보다 더 많이 아는 게 아님을 명심하자. 긴가민가할 때에는 본능을 따르라. 상황이 본격적인 비상사태로 발전하기 전에도 마찬가지이다. 상황이 얼마나 위험한지 판단할 때에는 본능의 목소리에 귀를 기울여야 한다.

둘째, 당신 자신이 피해자이며 도움을 필요로 한다면, 다중의 무지를 물리치는 게 중요하다. "도와주세요!" 하고 큰소리로 외친 후에 "거기 회색 넥타이 매신 분, 경찰 좀 불러주세요!" 하고 정확하게 한 사람을 지목해 도움을 요청하라. 그래야 책임감 분산을 막을 수 있다.

셋째, 어떤 사건을 목격하게 되거든 방관자 효과를 기억하라. 그래야 곤란에 처한 사람의 생명을 구할 수 있다. 방관자 효과를 사전에 들었고, 그래서 문제를 인식하고 있는 사람은 위기상황에서 기꺼이 남을 도우려한다는 흥미로운 연구 결과가 있다. 그러므로 당신의 지식을 널리 퍼뜨려라, 될 수 있는 한 많이!

당신이 원하는 것을
사람들이 하게 만드는 법

[리액턴스 효과]

태초의 낙원, 그곳에는 모든 게 넘쳐났다. 그야말로 없는 게 없는 무릉도원이었다. 말 그대로 아담과 이브는 입만 벌리고 있으면 되었다. 그런데 하필 이놈이 말썽이다. 그래 바로 그것, 금지된 사과 말이다. 사과와 비교하면 허락된 다른 모든 것은 시들할 뿐이다.

어린 시절, 초콜릿 맛은 언제나 환상적이었다. 특히 먹지 말라고 하면 그 맛이 더 환상적으로 느껴졌다. 그래서 더 먹고 싶었다. 그럼 우리는 먹고픈 만큼 초콜릿을 주지 않으려는 엄마를 상대로 힘을 다해 맞서 싸웠다.

우리는 어른이 되었다. 애무는 언제 해도 달콤하다. 해도 해도 질리지 않는다. 그러나 특별히 최고로 좋을 때는 몰래 바람을 피울 때이다. 해서는 안 되는 외도를 할 때, 애무는 더욱 달콤하다.

이 땅의 '금지된 과일'은 도대체 왜 우리에게 그토록 자극적인 것일까?

~~~~~~

금단의 사과를 따먹고 싶어 하는 심리를 심리학은 '리액턴스 Reactance'라 부른다. '리액턴스 이론'은 이미 1960년대에 심리학자 잭 브렘Jack Brehm이 주도적으로 연구했다. 리액턴스는 원래 물리학에서 전기 저항을 일컫는 용어로, 금지된 것일수록 더욱 갖고 싶어 하는 심리를 뜻하는 개념이다. 이런 심리는 내면의 압력이나 외부의 강제에 대항해 생겨난다. 누군가 우리에게 무언가 빼앗으려 위협하고 금지하는 것에 반발해 리액턴스가 일어나는 것이다. 리액턴스 태도는 금지된 행동을 계속하거나 본격적으로 벌이도록 만든다. 이런 식으로 우리는 잃어버린 자유를 회복하려든다.

리액턴스 이론은 많은 흥미로운 실험들로 입증되었다. 예를 들어 아이들은 끝까지 본 영화보다는 이런저런 핑계를 대며 중간에 끊어버린 영화를 훨씬 더 재미있었다고 평가했다. 극단적인 경우 우리는 평소라면 전혀 자발적으로 하지 않을 행동도 하지 말라고 하면 기를 쓰고 감행한다. 참으로 희한한 노릇이다.

한 가지 재미있는 사례를 우리는 마크 트웨인Mark Twain의 유명한 소설《톰 소여의 모험The Adventures of Tom Sawyer》에서 찾아볼 수 있다. 장난꾸러기 톰 소여는 이모 폴리로부터 거듭 교육적 차원의 벌을 받는다. 어느 날, 울타리에 페인트칠을 하라는 이모의 말에 심통이 난 톰이 툴툴거리며 칠을 하고 있는데 마침 지나가던 친구 벤이 그 모습을 보고 또 벌을 받느냐며 놀렸다. 그러자 톰은 페인트칠이 너무나 재미있는 것처럼 몰두하는 시늉을 했다. 마치 이 순간 더 멋진 일이 따로 없는 것처럼. 눈이 휘둥그레진 벤은 같이 칠할 수 없느냐고 물었다. 톰은 짐짓 안타깝다는 듯 벤이 페인트칠에 소질이 있어 보이지 않는다고 약 올렸다. 그러자 벤은 안달이 나서 페인트칠을 하고 싶다고 조르며 톰에게 선물까지 바쳤다. 톰은 그제야 마지못해 소원을 들어주는 척하며 벤을 페인트칠에 끌어들인다. 평소의 벤이라면 털끝만큼도 관심을 갖지 않았을 일이 "너는 할 수 없을 거야"는 말에 매력적인 일로 탈바꿈한 것이다.

이제 당신은 '초콜릿을 먹고 말거야!' 라는 심리를 알게 되었을 뿐만 아니라 당신이 원하는 것을 사람들이 하게 만드는 방법도 알게 되었다.

간절히 원하는데 상대방이 기회조차 주지 않으려 한다면, 두 가지 방법이 있다. 우선 '자기 충족적 예언'을 활용해 당신이 원하는 행동을 하도록 상대방을 칭찬하라. 아니면 톰 소여가 친구 벤에게 쓴 방법을 활용해보라. 심리 치료 현장에서도 긴요하게 쓰이는 이 방법을 우리는 '역설 개입$^{Paradox\ intervention}$'이라 부른다. 예를 들어 초콜릿을 먹지 못하게 하는 엄마에게 다음과 같이 말하는 것이다. 물론 의도를 눈치 채지 못하게 아주 자연스럽게 "이제 초콜릿이 그렇게 맛있지 않아" 또는 "이제 더 이상 초콜릿으로 괴롭히지 마"라고 말하는 것이다. 그럼 엄마는 자신의 자유와 행동 선택 여지가 크게 줄었다고 보고 리액턴스에 빠진 나머지 돌연 자주 초콜릿을 안겨주리라.

세금을 미리 낸 사람은
탈세를 저지르지 않는다

[소유 효과]

주말에 여유로운 기분으로 벼룩시장을 둘러봤다. 온갖 잡동사니를 늘어놓은 매대 앞에 자연스레 발길이 멎는다. 만화책을 한 권 집어든다. 족히 3년은 된 것이다. 책장을 넘기며 입가에 절로 미소가 떠오른다. 만화책을 사기로 결심한다. 지극히 평범한 시리즈의 만화책이며 낡아 너덜거리는 부분도 있다. 책 뒤에 붙은 정가를 보니 3유로이다. '이 물건은 30센트 가치도 없어. 오늘은 미친 척하고 옛날 만화 한 권을 사는 거야.' 당신은 속으로 이렇게 생각했다.

"이거 얼마예요?"

"18유로요!"

가슴에서 우러나는 확신에 찬 목소리가 돌아온다. 어이가 없어진 당신은 판매자의 눈을 잠깐 멍청히 바라본다. 이후 '현실을 모르네!'와 '사기꾼' 정도만 밝힐 수 있는 짧은 대화가 오간다.

당신은 머리를 절레절레 흔들며 자리를 뜬다. 판매자는 더 오래 머리를 절레절레 흔들었다.

이런 '의견 차이'는 어디서 빚어질까? 상인이 가격을 높게 쳐서 더 받으려는 거야 당연한 일이다. 그리고 고객은 값을 깎으려든다. 분명한 이야기이지만 여기에도 전략이 숨어 있다. 실제로는 상인과 고객 모두 물건의 원래 가치를 아는 게 현실이다. 그러니까 이런 접근으로는 이 상황이 설명되지 않는다. 우리에게 익숙한 협상 전략만으로는 결코 이처럼 큰 가격 차이가 나올 수 없다. 양쪽 모두 근접하는 값을 알고 있기 때문이다. 그러니까 이런 상황은 두 사람이 해당 물건이 갖는 가치를 서로 다르게 확신할 때에만 벌어진다.

만화책의 가격이야 비교적 객관적으로 확인할 수 있다. 정가표에 3유로라고 했다. 그런데 왜 한 사람은 그게 18유로라고 확신하고 다른 사람은 기껏해야 30센트라고 고집할까?

이런 현상을 심리학은 '소유 효과'라 부른다. 소유 효과는 같은 물건을 다른 사람이 가졌을 때보다 내가 지녔을 때 더 귀중하다고 여기는 현상이다. 이런 심리를 확인한 유명한 실험이 있다. 참가자들을 두 그룹으로 나누었다. 첫 번째 그룹의 사람들은 저마다 작은 손가방을 하나씩 받았다. 두 번째 그룹에게는 그 손가방을 보여주기만 했다. 이제 참가자들을 상대로 손가방의 가격이 얼마라고 생각하는지 물었다. 그러자 손가방을 얻지 못한 사람들은 평균적으로 2달러 87센트 정도가 적당하다고 답했다. 반대로 손가방을 손에 든 사람들은 7달러 12센트라고 주장했다. 그러니까 두 배도 훨씬 넘게 차이가 났다. 다른 실험들도 비슷한 결과를 확인했다. 소유 효과는 대략 2:1의 비율로 나타난다!

　　이 효과는 여러 분야에 걸쳐 우리 인생을 지배한다. 예를 들어 기업은 잠재고객에게 2주 동안 어떤 상품을 테스트해보라고 맡긴다. 정해진 기간이 지나 물건을 되돌려 달라고 하면 당사자는 안절부절못한다. 애초 물건을 갖지 않았을 때와는 전혀 다른 모습을 보인다. 세금을 미리 낸 사람보다 나중에 내야만 하는 사람이 탈세를 저지르기 쉽다. 이미 내버린 사람은 없는 돈이라고 생각하지만, 가지고 있다가 내면 아깝기 짝이 없기 때문이다. 기름 값이 1센트만 올라도 사람들은 격하게 흥분한다.

그러나 가격이 1센트 떨어졌다고 해서 흥분할 만큼 기뻐하지는 않는다. 집의 창고, 옷장 등에서도 소유 효과는 얼마든지 관찰할 수 있다. 우리는 오래전부터 더 이상 이용하지 않았고 또 앞으로도 이용하지 않을 물건을 버리지 않고 쌓아둔다. 그게 자신의 귀중한 재산이라고 믿는 탓에 버리지 못한다.

심리생리학에서도 무엇인가 버려야 하는 사람의 두뇌를 연구한 끝에 소유 효과가 일어나는 것을 입증했다. 그저 물건을 팔고 돈을 받았음에도 아픔을 처리하는 영역, 곧 대뇌피질의 일부인 이른바 '도피질Insular cortex'이라고 하는 곳이 활발히 활동하는 것을 밝혀낸 것이다.

그러니까 무엇이든 자기 손에서 떠나보내면 아픔을 느낀다. 그게 어떤 경제적 가치를 갖든지 말이다.

창의적인 사람은
무엇이 다를까?

〔 정신적 블로킹 〕

이른 아침 시간, 서둘러 출근을 하는데 아는 얼굴과 마주쳤다. 서로 반갑게 인사를 나눈다.

"안녕하세요, 미스터…… 에, 잠깐만, 저기……?"

난처하게도 이름이 떠오르지 않는다. '저 사람 이름이 뭐였더라? 마이어? 말러? 뮐러? 아무튼 M으로 시작하는 이름인데……?'

오후 늦게야 문득 이름이 떠오른다.

'하말Hamal! 그래, 바로 하말이야. 마케팅 부서 동료의 남편이지!'

사람 이름만 그런 것이 아니다. 이른바 '정신 고착^{Mental fixations}'이라는 이 현상은 우리가 정보를 기억하거나 새롭고 의미 있게 결합하지 못하도록 방해한다. 이 현상은 개념, 사건, 상황, 일자 등 모든 영역에서 나타난다.

정신 고착을 극복하기 위해 '창의적 문제 해결 연구'라는 이름으로 실행된 실험을 하나 살펴보자. 이 실험은 너무나 유명해서 심리학 강의실을 넘어 어린이 지능 개발용 책에까지 수록되었다. 두 그룹으로 나뉜 참가자들은 각각 다음의 물건들을 얻었다.

- 작은 양초 하나.
- 성냥갑.
- 압핀.

그 다음 눈높이에 맞게 초를 달아 놓으라는 과제를 주었다.

두 그룹의 차이는 이랬다. 첫 번째 그룹에게는 성냥으로 양초에 불을 붙이라고 일러두었고, 두 번째 그룹에게는 아무것도 일러두지 않고 바로 과제를 수행하게 했다. 어느 쪽이 더 빠르게 문제를 풀었을까?

승자는 두 번째 그룹이었다. 이들은 압핀으로 성냥갑을 벽에 고정한 다음 받침대로 활용했고, 그 위에 초를 세워 불을 붙였다. 반면, 첫 번째 그룹은 양초를 그대로 벽에 고정하려고 여러 가지 시도를 한 끝에 실패하고 말았다.

이 결과는 어떻게 설명할 수 있을까? 성냥으로 불을 붙이는 바람에 첫 번째 그룹에는 이른바 '정신적 블로킹Mental blocking'이 일어난 것이다. 성냥갑을 성냥 넣어두는 통으로만 본 탓에 일어나는 '정신적 블로킹'을 심리학은 '기능 고착Functional fixation'이라 부른다. 이런 부담을 전혀 갖지 않았던 두 번째 그룹은 어렵지 않게 성냥갑의 기능을 '통'에서 '받침대'로 바꿔 해석할 수 있었다. 이게 바로 창의성의 비밀이다. 다시 말해서 창의성이란 어떤 물건을 그 고유한 기능 이외의 목적으로 활용하는 능력이다.

미스터 하말 이야기로 되돌아가보자. 강제된 기억은 '아무튼 M으로 시작하는 이름인데……(마이어, 말라, 뮐러)' 하는 생각에 고착되고 말았다. 이로써 다른 가능성, 예를 들어 'M은 세 번째 자리였지' 하는 기억을 활용할 수 없다. 고착 효과는 무의식의 차원에 머물며 우리의 의식적인 문제 해결 과정을 가로막는다. 이런 고착은 심지어 일주일이 지나서야 풀리기도 한다.

정신적 블로킹을 당했다는 생각이 들면 창의적 휴식 시간을 갖는 게 좋다. 문제를 아예 완전히 잊어라! 이렇게 하면 일종의 생산적 망각 상태가 된다. 이때 좋은 점은 고착의 극복이 완전히 수동적으로 일어난다는 사실이다. 머리를 너무 쥐어짜지 말고 약간 인내심을 가지고 기다리는 것이 필요하다.

학계와 문화계의 주요한 명사들, 이를테면 베르톨트 브레히트, 찰리 채플린, 알베르트 아인슈타인 등의 위인들이 만든 필생의 걸작이 모두 창의적인 휴식 시간 뒤에 탄생했다는 사실을 기억하라. 이렇게 본다면 나이를 먹어가면서 자동적으로 망각이 일어나는 것도 제법 매력적인 측면을 가졌다는 생각이 든다.

Part 5

Nützliche Erkenntnisse der Alltagspsychologie

외적인 보상이
인간에게 의욕을 심어줄까?

[과잉정당화 효과]

이웃에 거동이 불편한 할머니가 한 분 산다고 가정해보자. 근처에 사는 한 대학생이 매주 한 번씩 할머니를 위해 대신 장을 보아다준다. 청년은 기쁜 마음으로 그 일을 즐긴다. 기꺼운 마음으로 도울 뿐만 아니라, 장을 봐줄 때마다 할머니의 대화 상대도 되어준다.

이 할머니가 부유하다고 가정해보자. 최근 우연히 당신과 마주친 할머니는 이런 질문을 했다.

"젊은이가 정말 많이 도와줘. 대학생이라 돈도 별로 없을 텐데, 매번 20유로의 사례금을 주면 어떨까? 그럼 서로 돕는 게 되니 좋잖아."

당신이라면 무어라 답하겠는가?

도움을 베푸는 대학생은 돈이 아쉽고, 도움을 받는 할머니는 돈을 베풀 여력이 충분하다. 그럼 상부상조하는 것이니 모두 이득을 보는 게 아닐까?

그렇지만 사정은 그리 간단치 않다. 대학생은 대가를 받는 순간 자신의 진심을 몰라준다며 불쾌하게 생각할 수 있다. 그렇게 되면 할머니는 그를 대신해 도와줄 다른 사람을 찾아야 할지 모른다.

역설적으로 들리지만 상황이 이렇게 흘러가는 것은 과학적으로 입증된 현상이다. 대학생에게서 이른바 '과잉정당화 효과Overjustification effect'가 일어날 수 있다. 과잉정당화 효과란 외부의 자극이 내면의 동기를 약화하거나 심지어 깨뜨려버리는 것을 뜻한다.

동기부여란 원칙적으로 어떤 특정한 목표를 향해 나아가게 하는 힘을 의미하는데, '내적 동기부여Intrinsic motivation'와 '외적 동기부여Extrinsic motivation'로 구분된다.

내적 동기부여는 말 그대로 우리 내면에서 일어난다. 그 일을 하는 게 정말 즐겁거나 뜻깊어서 기꺼운 마음으로 하는 게 내적 동기부여이다. 내적 동기부여가 있다는 것은 우리 자신과 상대방 모두에게 이상적인 상황이다. 내적 동기에서 비롯된 행동은 우리의 자아를 온전히 발현해준다. 그리고 우리의 행동에 도움을 받는 사람은 앞에서 본 할머니처럼 커다란 행복을 맛본다. 마음에서 우러나는 성실함을 가지고 헌신적으로 처리하는 자세를 보이기 때문이다.

반면, 외적 동기부여는 바깥에서 찾아온다. 자발적인 마음으로는 하지 않을 일을 하게 하는 게 외적 동기부여이다. 외적 동기부여에 의해 움직이는 까닭은 무언가 보상을 얻거나 처벌을 받지 않기 위해서다.

안과 밖의 동기부여는 근본적으로 나란히 작용한다. 월급이라는 외적 동기 때문에 출근을 하지만 기꺼이 행복한 마음으로 일터로 가는 사람을 보라. 그렇지만 내적 동기부여가 차지하는 비중이 높을수록, 관련 당사자들은 더욱 잘 어울리며 화합한다. 그리고 외적인 보상, 이를테면 돈을 못 받는 일이 벌어질지라도 그 일을 계속 할 확률이 높다.

그런데 이 사이에 과잉정당화 효과가 끼어든다. 지금껏 자발적으로 했던 일에 갑자기 보상을 받는다면, 우리 뇌는 이 활동을 돌연 새롭게 평가한다. 이를테면 다음과 같은 볼멘소리를 할 수 있다. '대가를 받다니, 이 일이 그리 멋진 것 같지 않아.' 일종의 인지부조화로 일어나는 현상이다.

어째서 이런 일이 벌어질까? 세상에 태어나기가 무섭게 '보상'이라는 것은 별로 좋아하지 않는 일, 불편한 일을 해야 주어지는 것이라는 교육을 주입식으로 받았기 때문이다. 예를 들어 방 청소를 해야만 텔레비전을 볼 수 있다거나, 묘한 맛의 시금치를 먹어치워야 바깥에 나가 놀 수 있다는 식이다. 맛난 아이스크림이나 초콜릿은 숙제를 끝내야만 먹을 수 있다. 기분 좋은 일, 예를 들어 텔레비전 시청이나 컴퓨터 게임을 한다고 해서 보상을 받는 일은 절대 없다. 그러니까 '불편한 일'과 '보상'의 결합은 우리 의식에 뿌리를 깊게 내리고 있다.

사정이 이런 탓에 외적인 보상은 상황을 나쁘게 보게 만든다. 과잉정당화가 되는 순간 돌연 우리는 그 일을 할 의욕을 잃는다. 시간이 흐르면서 점점 일의 즐거움은 사라지고 보상을 받는 데만 초점이 맞춰진다. 급기야 보상이 사라지게 되면, 우리는 그 일을 그만둔다.

이런 사정을 보여주는 좋은 예가 있다. 아이들에게 산수 학습 게임을 하게 했다. 처음에 아이들은 재미있어서 게임에 열중했다. 그래서 게임을 하면 아이들에게 며칠 동안 초콜릿을 보상으로 주었다. 다시 며칠 뒤 보상을 끊어버리고 아이들이 산수 학습 게임에 얼마나 몰두하는지 살펴보았다. 그 결과, 아이들의 관심은 처음과 비교해 현저하게 낮아졌다.

노동시장은 보상이 높아질수록 의욕이 감퇴하는 이런 딜레마와 오래전부터 씨름을 해왔다. 성과급을 제시하고 보너스를 주고 연봉을 인상하는 등 업무 효율을 높이려고 외적인 자극을 주었다. 그러나 순수하게 내적인 동기부여로 무장한 근로자가 가장 일처리를 잘한다는 점을 염두에 둔다면, 이런 외적인 자극은 미친 짓이다. 그렇다고 고용주에게 최고의 성과를 선물하는 순수한 열정의 근로자가 가장 적은 보수를 받는 게 과연 옳은 일일까? 이것은 부당한 일이다. 그래서 이 딜레마는 오늘날까지 해결되지 않았다. 노동시장은 예나 지금이나 외적인 자극을 주는 시스템을 유지하고 있다.

그럼 외적인 보상은 인간에게 의욕을 심어주기에 전혀 온당치 않은 방법일까? 아니다, 그렇지는 않다. 앞서 살펴보았듯 외적인 보상은 전혀 짐작도 못한 힘을 이끌어낼 수 있다. 어린 시절의 기억이 확인해주듯 외적인 자극은 우리로 하여금 방 청소를 하고, 시금치를 먹고, 숙제를 하게 만들었다. 외적 동기부여는 내적 동기부여가 없는 곳에서는 탁월한 효과를 불러일으킨다. 특히 싫어하는 일을 하게 만드는 게 외적 동기부여이다. 다만, 보상 원칙이 우리의 평생에 걸친 직업과 일에 어떻게 작용했는지 살펴본다면, 우리는 서글픈 결론을 내릴 수밖에 없다. 안타깝게도 대체적으로 사람들은 일하는 것에 별다른 즐거움을 느끼지 못하기 때문이다.

수입이든 분배이든 외적인 보상으로 일정 대가가 주어지는 일에는 신중할 필요가 있다. 아마도 자기 자신과 다른 사람들에게 선사할 수 있는 가장 큰 보상은 자발적인 의욕으로 충만하게 일하는 행복감이리라.

바로 눈 앞에 있는데도
물건을 찾지 못하는 이유

〔 변화맹 〕

이 그림을 다음 쪽의 그림과 비교해보라. 다른 점이 무엇

인가?

우선 두 그림이 서로 다르다는 것은 미리 알려주겠다. 아직 차이를 발견하지 못했다면, 침착하게 한 번 더 살펴라. 그리고 다시 한 번. 아직도 모르겠는가? 작은 힌트를 주겠다. 차이는 조그맣지 않다. 커다란 차이이다. 구석에 사소한 변화를 준 숨은 그림 찾기가 아니다. 나무 한 그루가 통째로 사라졌다!

책장 한 장 넘겼다고 이런 커다란 차이를 알아보기 어려운 이유는 뭘까? 그 이유를 심리학에서는 '변화맹Change Blindness'이라 부른다. 우리 주의가 잠깐 흐트러진 틈(이 경우는 책장을 넘기는 변화)만 있어도 우리는 어떤 장면의 커다란 변화를 알아차리지 못한다. 모니터나 스크린에서 장면이 순간적으로 깜빡이는 동안 커다란 차이를 심어놔도 변화맹이 일어난다. 예를 들어 영화 장면에서 두 사람의 얼굴을 서로 바꾸어놓았는데도 관객들이 전혀 눈치 채지 못했다는 실험 결과도 있다.

대화를 나누던 상대가 바뀌어도 우리는 모를 수 있다. 한 실험에서 연기자가 지나가는 행인에게 길을 묻게 했다. 그런데 갑자기 두 사람 사이를 커다란 상자가 가르며 지나간다. 그동안 연기자는 재빨리 다른 사람으로 바뀌었다. 전혀 다른 외모를 가진 사람으로. 그런데 대부분의 행인은 다른 사람이 자신 앞에 서 있다는 사실을 전혀 알아차리지 못했다. 믿기 어려운 이야기이나 사실이다. 숨겨둔 카메라로 사람들을 놀리는 이른바 몰래카메라 방송이 보통 이 변화맹 효과를 이용한다. 무대 위의 마술사도 마찬가지이다.

변화맹은 주의를 딴 곳으로 돌리지 않더라도 아주 천천히 조금씩 변화가 일어나도 생겨난다. 그래서 모니터 앞에 앉은 실험 대상자는 화면에 나온 나무와 집의 색이 조금씩 점차적으로 바뀌어도 알아채지 못한다.

변화맹은 그 효과 때문에 놀라운 게 아니다. 우리 세계관을 송두리째 흔들어놓을 만한 가설을 제공하기 때문이다. 오랜 동안 학자들은 우리가 주변 세상의 모습을 시각적 인상으로 머릿속에 저장해둔다고 보아왔다. 그런데 하나의 장면에서 그처럼 두드러진 변화도 알아보지 못한다면, 다음과 같은 추정도 가능하지 않을까? 우리는 머릿속에 세계의 어떤 그림도 저장해두지 않는다고. 마치 컴퓨터를 재부팅해서 처음 상태로 돌아가는 것처럼 말이다.

어쩌면 우리는 어둠 속을 더듬으며 매번 새롭게 촉각을 세워 앞으로 나아갈 뿐인지도 모르겠다.

조지 부시는 왜
빌딩이 무너지는 걸 보았다고 말했을까?

[섬광 기억]

1980년 존 레논 사망 — 1986년 챌린저호 폭발 — 1989년 베를린 장벽 붕괴 — 2011년 후쿠시마 원전 사고…….

아마 당신은 이런 일들을 마치 어제 일어난 것처럼 생생하게 기억하리라. 말 그대로 세계를 뒤흔든 이 사건들을 정확히 어디서 어떻게 들었으며, 누가 당신에게 알려줬고, 당시 당신은 무얼 하고 있었는지 기억할 것이다.

그러나 당신의 기억은 과연 정확한 걸까?

'섬광 기억Flashbulb memories'이란 사회적으로 큰 사고나 사건이 발생했을 때, 개인이 처해 있던 개인적 상황이 그 사건에 결부

되어 기억 속에 깊이 각인되는 것을 말한다. 섬광 기억이 가지는 특별한 점은 우리의 머릿속에 정확히 무슨 일이 벌어졌고, 우리는 어떻게 그것을 경험했는지가 상당히 생생하고 세밀하게 그려진다는 것이다. 이 현상은 1977년부터 미국의 유명한 심리학자 로저 브라운$^{Roger Brown}$과 제임스 쿨리크$^{James Kulik}$가 1963년에 벌어진 케네디 암살 사건을 연구하면서 알려졌다.

과학은 섬광 기억이 이중으로 저장된다는 점을 증명해냈다. 인간의 뇌는 사건을 한편으로는 '사실 지식'으로, 다른 한편으로는 정황들까지 포함해서 '자서전 지식'으로 저장한다고 한다.

그런데 바로 이 대목에서 여러 논쟁이 벌어졌다. 여러 차례 관찰되는 기억의 잘못과 손실이 학계를 매번 새롭게 달구었기 때문이다. 예를 들어 미국 대통령을 역임한 조지 부시는 2001년 9월 11일 세계무역센터 쌍둥이 빌딩이 폭삭 무너져 내리는 장면을 방송 화면을 통해 똑똑히 보았다고 '기억'했다. 그런데 이상한 것은 대통령이 보았다고 한 당시 시점에서 이런 장면은 방송 전파를 전혀 타지 않았다는 사실이다.(이로써 음모론에 더욱 힘이 실렸다.)

과학은 기본적으로 기억의 정확도가 사건 이후 석 달 동안 점차 줄어들고, 약 열두 달이 지나면 다른 평범한 사건들과 비슷하게 기억되는 것으로 보아왔다. 더 나아가 현재 진행되고 있는 연구들은 사람들의 기억력에 커다란 편차가 있음을 보여준다. 이런 편차는 사건으로 촉발된 감정이 긍정적이냐 부정적이냐에 따라 달라진다. 예를 들어 1989년 베를린 장벽 붕괴를 긍정적으로 받아들인 사람들은 당시 상황과 분위기를 그림처럼 선명하게 기억했다. 반면, 장벽 붕괴를 부정적으로 바라본 사람들은 사건 일자와 그 사실만 기억했다. 기억의 처리와 재생산에서 일어나는 이런 현격한 차이는 어떻게 해서 생겨날까?

기쁜 일이 일어났을 때는 상황을 파악하고 받아들이기 위해 전전긍긍할 필요가 없다. 다시 말해서 두뇌가 스트레스를 받을 일이 없다.

그러나 부정적인 사건의 경우는 다르다. 지극히 사소한 것까지도 놓치지 않고 완전히 주목한다. 마지막 구석까지 남김없이 분석하고 해석한다. 부정적 사건은 위험으로 받아들이기 때문이다. 앞으로 비슷한 사건을 알아차리고 피하려면 그런 분석은 반드시 필요하다.

원시시대를 생각해보자. 사냥을 하다가 도끼날처럼 번쩍이는 이빨을 가진 호랑이와 마주쳤다면, 털끝 하나 놓치지 않고 주목해두는 것이 현명한 선택이다. 그래야 앞으로는 위험한 장소를 피할 수 있으니까. 동시에 두뇌는 두려움과 충격 같은 감정은 되도록 처리를 하지 않는 편이 도움이 된다. 공포와 놀라움에 사로잡히면 자신의 능력을 온전히 발휘할 수 없기 때문이다. 냉정하고 침착하게 대처하는 것이야말로 이런 상황에서 요구되는 태도이다. 이처럼 위축되는 문제는 격심한 심적 트라우마에 시달리는 사람들에게서 찾아볼 수 있다. 오랜 시간이 지난 이후에도 당시의 충격을 생생한 감정으로 기억하는 사람은 제대로 일을 할 수 없을 뿐만 아니라 일상생활도 엉망이 돼버린다.

반대로 긍정적인 감정을 저장해두면 태도가 밝아질 뿐만 아니라 자신감도 높아진다. 우리는 기꺼이 그 아름다운 순간을 또다시 떠올리며 기쁜 감정을 누린다. 다른 사람들과 그 이야기를 즐겨 나누면서 나중에 이런저런 측면들을 보충하기도 한다.

우리 뇌는 대단히 영리하다. '지금 사실만 기억해두는 게 나을까, 아니면 감정까지 기록해둘까?' 이렇게 경우에 따라 다양한 접근법을 구사할 줄 안다. 이런 구별 작업을 맡고 있는 두뇌의 부위는 '아미그달라Amygdala'라는 편도체이다. 편도체는 가능한 위험이 무엇인지 분석하고 감정을 풍부하게 만드는 역할을 한다.

그래서 기억의 변조에 문이 활짝 열린다. 미디어에서 홍수처럼 쏟아지는 사진들을 보면서 어떤 감정을 가졌느냐에 따라 사건의 기억은 제각각 달라진다. 시간이 흘러 누가 언제 무엇을 어디서 어떻게 보고 겪었는지 더 이상 분명하게 기억할 수 없게 되면서 원래의 기억은 왜곡되고 만다. 어떻게 해서 이런 일이 일어나는지 정확한 원인은 아직 밝혀내지 못했다.

그러나 적어도 조지 부시의 이상한 기억만큼은 애매하게나마 설명할 수 있다. 아마도 그의 원래 기억은 나중에 본 방송 영상과 마구 뒤섞였을 것이다.

선입견은
어떻게 생겨나는가

[선입견]

동료나 친구를 붙들고 선입견 게임을 한 판 해보라! 다음

과 같이 사회에 널리 퍼진 몇 개의 선입견들을 늘어놓았다.

각각 어떤 그룹에게 맞는지 그룹마다 두 개씩 골라보자.

가장 먼저 모든 줄을 채운 사람이 승자이다. 자, 시작!

보기: 감정적, 게으름, 현실감 부족, 권력에 굶주림, 공격

적, 사교적, 분석적, 교양 수준 낮음

남성

_____

_____

여성

_____

_____

정치가

_____

_____

무직자

_____

_____

이제 다음 질문에 답변해보라.

당신 자신은 어떤 선입견^{Prejudice}을 가졌는가?

◇◇

　내기를 해볼까? 아마 이 게임에서 선입견들이 작동하는 해당 그룹을 찾기 어려워한 사람은 극소수일 것이다. 그런데도 사람들은 자신이 선입견에 빠져 있다는 것을 한사코 인정하려들지 않는다.

그럼 대체 선입견을 갖는다는 것과 갖지 않는다는 것은 정확히 무얼 뜻할까? 선입견은 어떻게 해서 생겨나며, 또 어떤 식으로 사라질까?

앞에서 예시로 든 선입견들을 알고 있다는 것은 최소한 머릿속에 그 선입견이 존재한다는 것을 뜻한다. 설령 "나는 선입견 없어"라고 주장한다고 해서 그게 곧 '내 머릿속엔 선입견이 없어'라는 뜻은 아니다. 우리는 거의 예외 없이 누구나 머릿속에 사회적 통념에 따른 선입견을 가지고 있다. 대체 선입견은 어떻게 우리 머릿속으로 들어갔을까? 놀랍게도 우리는 태어나자마자 믿기 어려울 정도로 빠르게 주변 환경으로부터 선입견을 '배운다.'

미국의 교사 제인 엘리엇^{Jane Elliott}의 아주 유명한 실험이 있다. 엘리엇은 자신이 맡은 3학년 반 학생들을 두 그룹으로 나누었다. 하나는 푸른 눈의 아이들, 다른 하나는 갈색 눈의 아이들이었다. 그런 다음 두 그룹 모두에게 푸른 눈 아이들의 성적이 더 우수하다고 말해주었다. 효과는 곧바로 나타났다. 아이들의 태도가 확 바뀐 것이다. 푸른 눈을 가진 아이들은 갈색 눈을 가진 아이들을 비웃거나 놀렸다. 심지어 성적이 떨어진다는 이유로 갈색 눈 아이들을 처벌하려 들었다. 갈색 눈 아이들의 학업 성적이 급격히 떨어졌다. 다음 날 엘리엇은 사실은 갈색 눈의 아이들이 더 우수하다고 말해주었다. 그러자 모든 게 돌변했다. 이제는 푸른 눈 아이들이 괴롭힘을 받았다.

이 실험은 우리가 얼마나 선입견을 빠르게 받아들이는지, 그리고 그 선입견만으로 얼마나 다른 사람들을 적대적으로 대하는지를 보여준다. 또한, 선입견에 피해를 입은 사람들 역시 자신을 선입견의 틀에 가둔다는 사실을 알 수 있다. 이 두려움은 상당한 부담으로 작용하며 종종 선입견이 '정당'한 것으로 여겨지는 결과를 낳는다. 이런 현상은 여러 여인들 앞에서 케이크를 깔끔하게 자르는 일(원래 할 수 있다)을 해본 남자라면 누구나 잘 안다. 또 여러 남자들이 지켜보는 앞에서 차를 주차(원래 할 수 있다)해본 여자라면 누구나 잘 알 것이다.

선입견은 이런 파괴적인 결과를 불러올 정도로 심각한 영향력을 발휘한다. 그리고 우리는 거의 모두 선입견을 머릿속에 담고 있다. 선입견은 아주 쉽게 머릿속을 비집고 들어오기 때문이다. 머릿속의 선입견은 일종의 '도식'이 된다. 도식이 무엇인지는 앞서 살펴본 바 있다. 도식은 아주 간단하게 만들어지며, 잠재의식에 숨어 작용한다.

사람들이 선입견에 얼마나 쉽게 사로잡히는지 보여주는 실험이 있다. 실험 참가자들이 모인 자리에 슬쩍 연기자가 나타나 어떤 선입견을 중얼거린다. 그 소리를 들은 참가자들은 선입견에 해당하는 그룹을 실제로 나쁘게 평가했다. 도식은 그만큼 쉽게 만들어지고 간단하게 작용한다. 이런 식으로 선입견은 우리 내면에 숨어든다.

그렇다면 나는 선입견을 갖지 않았다는 주장의 진짜 속내는 무엇일까? 일단 도식이 만들어지면 우리는 자동적으로 그 도식에 따라 생각함에도 말이다. 선입견을 갖지 않았다는 말은 자동적인 생각을 꺼버리고 의식적인 생각을 작동시켜야만 할 수 있는 것이다. 의식적인 생각은 에너지와 집중력을 요구한다. 예를 들어 스트레스를 받는 상황에서 의식적인 생각은 힘을 잃고 사라지기 쉽다. 혼란스럽고 두려우며 짜증이 난다. 그러면 선입견은 우리가 가능하리라 여기지 않았던 일을 아무런 방해도 없이 저지르게 만든다. 이를 입증한 실험은 헤아릴 수 없을 정도로 많다. 돌연 백인 학생들이 같은 반 흑인 친구들을 공격하고, 남자는 여자 동료에게 욕을 퍼부어대고, 이성애자들은 동성애자를 서슴없이 모욕한다. 그밖에 우리가 선입견을 갖게 되는 이유는 우리의 생각 운영체계가 언제나 절전모드를 선호하기 때문이다. 뇌는 되도록 의식적인 생각을 피하고 자동으로 대응할 수 있는 도식을 만들어둠으로써 수고를 줄이려든다. 어떤 선입견 도식이 등장하면, 인지를 책임지는 생각 운영체계는 늘 먼저 이렇게 묻는다. '이건 자동화에 도움이 되는 것일까? 아니면 억누르는 게 좋을까?' 그리고 사소한 것일지라도 선입견을 위한 정당한 당위성이 찾아지면 조금도 억누를 필요를 느끼지 않는다. 에너지를 절약하면서 양심의 거리낌 없이 도식만 작동시키면 되기 때문이다. 예를 들어 오늘 사무실에서 시끄럽게 구는 남자 동료 때문에 짜증이 났다면, 우리는 이내 '남자는 공격적인 마초야!'라는 생각을 정당화한다. 이런 생각을 억누를 필요를 전혀 느끼지 못하기 때문이다. 이로써 우리는 인지를 하느라 들어가는 에너지를 줄인다.

그렇다면 도대체 선입견을 극복할 방법은 없는 걸까? 있다, 그것도 검증된 방법이. 그룹 사이의 개인적 접촉을 될 수 있는 한 강화하라! 이때 그룹들은 서로 협력해서 하나의 공동 목표를 이룰 수 있도록 노력해야만 한다. 이 방법은 학교에서 '직소 모형Jigsaw'이라고 알려진 것으로, 미국의 유명한 사회심리학자 엘리엇 애런슨Elliot Aronson이 고안해냈다. 여러 그룹에게 학습 교재를 나누어준 다음, 각 그룹이 다른 그룹이 맡은 과제의 일부를 도와주면서 공동으로 전체 과제를 해결하는 게 직소 모형이다. 이 방법은 서로의 도움 없이는 주어진 공동 목표를 이룰 수 없기 때문에 모두가 협력해야만 한다. 그리고 그룹이 만들어낸 퍼즐 조각들이 서로 잘 맞아떨어질수록 선입견은 사라진다.

그럼 이미 학교를 떠난 우리는 어떻게 해야 할까? 우선 '나는 선입견 없어!'라는 말을 신중하게 할 필요가 있다. 이미 많은 선입견을 가지고 있음을 인정하고 끊임없이 그로부터 자유로운 생각을 할 수 있도록 노력해야만 한다. 그리고 함께 힘을 모아 '직소 모형'을 활용하면서 우리 사회가 하나의 공통된 퍼즐이 되도록 노력해야 한다.

남자와 여자가
말이 통하지 않는 이유

〔 커뮤니케이션 사각형 〕

아내가 묻는다

"커피, 차?"

남편이 대답한다.

"섹스!"

남편과 아내 사이의 소통은 오해로 얼룩진 역사이다. 그리고 심각한 결과를 낳는 경우도 많다. 도대체 왜 그런지 이해하기 위해 먼저 '커뮤니케이션 사각형Communication square'이라는 것을 들여다볼 필요가 있다. 이것은 커뮤니케이션과 갈등 연구로 유명한 학자 프리데만 슐츠 폰 툰Friedemann Schulz von Thun이 개발해

낸 모델이다. 그는 부부 사이에 오가는 모든 대화가 네 가지 측면을 가지고 있다고 보았다. 그 네 가지는 실질 차원, 호소 차원, 관계 차원, 고백 차원이다.

더 분명하게 설명하기 위해 다음과 같은 시나리오를 그려보자. 여자와 남자가 함께 침대에 누워 있고, 여자가 남자의 팔을 쓰다듬는다. 그러자 남자가 말한다.

"여보, 나 머리 아파."

당신이라면 이 말을 어떻게 알아들을까?

(1) 실질 차원에서 중요한 것은 확실한 사실이다. '배가 아픈 것도, 등이 아픈 것도 아니군. 머리가 아프군.'

(2) 호소 차원에서는 말하는 사람이 이루고자 하는 바를 뜻한다. '날 좀 내버려둬!' 또는 '제발 나 좀 위로해줘!'

(3) 관계 차원은 두 사람 사이의 결속이 어느 정도인지 판단한다. '우리 결혼 생활은 벌써 끝장났어……'

(4) 고백 차원은 자신의 현재 상태를 통보하는 것일 따름이다. '지금 기분이 별로 좋지 않아.'

이론적으로는 이처럼 간단하게 네 가지로 정리된다 할지라도 실제로는 상당히 까다로운 문제일 수 있다. 자신의 메시지를 이 네 가지 중 하나로 말하지 않는 사람도 있고 네 가지 중 하나로 듣지 않는 사람도 있기 때문이다. 요컨대, A로 전달한 메시지가 전혀 다른 B, C로 이해되는 일도 흔하게 일어난다. 소통이라는 과정은 상당히 복잡하게 얽혀 있다. 그것도 무의식적으로 이뤄지기 때문에 내가 어떤 의미를 담고 말하며 상대방이 어떤 의미로 듣는지, 자신이 어떤 '부리'로 지저귀며 어떤 '귀'로 듣는지 분명하게 알지 못하는 경우가 허다하다.

그리고 이런 해석의 다양성이야말로 관계에 오해와 마찰을 일으켜 서로를 팽팽한 긴장 속에 몰아넣는다. 여성은 관계 차원에서, 남성은 실질 차원에서 허청거릴지라도 말이다.

앞서 살펴본 상황처럼 남자와 여자의 차원이 뒤바뀌는 일도 벌어진다. 여성은 실질 차원에서 커피나 차 가운데 어느 것을 원하는지 물었을 따름이다. 그런데 남자는 관계 차원의 귀로 그 메시지를 '저 지금 뜨거워요!' 라는 것으로 알아듣고 다시금 실질 차원으로 돌아가 명확하게 자신은 마실 것을 원하는 게 아니라 섹스를 원한다고 표현한 셈이다.

소통이라는 게 이렇게 간단할 수도 있다. 만약 의미를 알 수 없어 의아한 경우라면 분명하게 물어보라. 예를 들어 "커피나 차라고 했소? 그 뜨거운 것을 말하는 이유가 정확히 뭐요?"

그렇다면 어떻게 해야 오해를 줄이고 원활한 소통을 할 수 있을까? 우선 무엇이든 미루어 짐작하는 습관부터 버려라. 그리고 상대방이 원하는 게 무엇인지 잘 모르겠거든 분명하게 물어보라.

오래된 커플을 위한
권태기 극복법

[섹스 세러피]

오랜 관계를 가져봤거나 여전히 유지하고 있는 사람은 다음과 같은 상황을 익히 알고 있으리라.

어느 시점에서부터인가 뭔가 매끄럽지 못하다. 처음에는 어색한 순간이 이어지다가 어느 때부터 침대에서도 관계가 잘 안 된다.

그러다가 정확히 아내는 섹스를 거부하고, 남편은 섹스를 요구하는 지점에서 정체되고 만다. 그리고 모든 게 근본적인 문제에서 비롯된 딜레마에 빠져 악순환이 이어진다.

부부관계는 최악의 경우 비극으로 끝난다. 실제 있었던 사건부터 살펴보자. 13년의 결혼 생활 끝에 결국 침대 갈등이 화근이 되어 남편은 이혼을 신청했다. 이 부부는 결국 법정에서 아내의 섹스 거부로 오랜 결혼생활의 종지부를 찍었다. 2007년 인도의 수도 뉴델리에서 대법원이 내린 판결이다.

이런 아름답지 못한 결말을 우리는 당연히 피하고 싶다. 어째서 그런 일이 벌어지는지 원리만 안다면 권태기 극복은 그리 어려운 일이 아니다. 이런 비극의 원인은 아주 간단한 원리임에도 우리는 자주 오해하고 그냥 넘어간다.

여성은 감정적으로 친숙함을 느껴야만 신체적인 접촉을 허용한다. 둘 사이에 이를테면 갈등이나 다툼이 끼어든다면 감정이 회복되기 전까지는 신체적 접촉을 허락하지 않는다. 물론 남자 입장에서는 답답할지도 모른다. 그렇다고 감정을 회복하기 위해 밤새 이야기만 나누는 것을 좋아할 남자는 없다.

게다가 남자는 신체적 접촉을 할 수 있다는 것을 알아야만 비로소 감정적으로 소통이 가능하다. 남자는 섹스의 친숙함을 가져야만 거기에 맞춰 관계를 이야기하고 인간관계의 밀접함을 만들어낼 수 있다.

감정적 교감을 바라는 여자와 신체적 친숙함을 우선시하는 남자는 시간이 흐를수록 서로를 탓하며 원망하게 된다. 이런 악순환이 되풀이되면서 관계, 곧 결혼생활은 끝 모를 구렁텅이로 떨어진다. 두 사람 가운데 최소한 한 명이 이런 원리를 이해하고, 서로 같은 방향으로 문제를 풀어갈 수 있도록 노력해야만 파국을 막을 수 있다.

갈등을 새로운 시각으로 바라보고 관계에 접근할 수 있어야 한다. 서로 자신의 입장만 고집하면 충돌은 피할 수 없다. 남자는 원하지만 여자는 원치 않는다. 이럴 때 욕구의 심층적인 차원을 들여다보면 오히려 화해를 이끌어내기가 쉽다. 양쪽 모두 원하는 것은 다름 아닌 친숙함이다. 남자는 신체적이고 여자는 감정적일 따름이다. 이로써 모든 불협화음과 모순을 무릅쓰고 조화를 이끌어낼 공통점이 찾아진다. 양쪽 모두 자신의 욕구를 만족시킬 수 있는 방법은 간단하다. 시차를 두어라! 문제는 '누가 먼저 양보하느냐?'이다. 그리고 먼저 양보하는 쪽이 더 현명한 사람이다. 어느 쪽이든 자신이 더 현명하기 바라는 것은 자연스러운 마음이 아닐까? 아니면 서로 번갈아가며 양보하자! 오늘은 이야기를 나눈 다음 신체 접촉을 갖자. 내일은 화해의 섹스부터 하고 이야기를 나누자. 섹스 끝에 도란도란 나누는 이야기는 훨씬 더 큰 공감을 이끌어낸다.

이런 지식으로 무장한다면, '권태'를 이겨낼 길은 얼마든지 찾아진다. 보장한다!

047

타인과 갈등에 빠지는 것을 피하려면

[동물행동학]

스르르, 엘리베이터 문이 닫힌다. 올라갈 층을 누른다. 스릉스릉 엘리베이터가 올라간다. 장난감 병정처럼 나란히 서서 모두 문 쪽을 바라본다. 뒤통수, 뒤통수, 뒤통수만 뚫어져라 노려본다.

어떻게 세계의 거의 모든 사람들이 엘리베이터에서 이런 한결 같은 모습을 연출할 수 있는 걸까?

우리는 이런 현상으로부터 무엇을 배울 수 있을까?

이 물음의 답을 찾으려면 곧 인간과 동물의 행태를 비교 연구하는 동물행동학을 살펴야 한다. 호주에서는 캥거루들이 서

263

로 복싱을 하며 싸움을 벌이는 광경을 종종 볼 수 있다. 그런데 한동안 주먹다짐을 벌이던 캥거루들은 어느 순간 마치 누군가 중재라도 한 듯 평온을 되찾고 조용히 줄을 지어 앉아 모두 같은 방향을 바라본다. 마치 아무 일도 없었던 것처럼 시치미를 떼고 말이다.

동물심리학자들은 이 기묘한 행동을 다음과 같이 설명한다. 캥거루들은 서로 반대가 되는 태도를 지워버리려 싸움을 벌이고 주변 환경 지각을 통일함으로써 평온을 되찾는다. 일렬로 앉아 한 방향을 바라보면 마주 보지 않기 때문에 더 이상 흥분할 일이 없어 평온해지는 것이다.

바로 이런 원리는 인간들이 좁은 공간에 몰릴 때에도 적용된다. 좁은 엘리베이터 안에서는 사람들 사이의 간격이 좁아서 서로 강렬한 자극에 노출된다. 우리는 대략 80센티미터 정도 타인과 거리를 두어야 상황을 편안하다고 여긴다. 다시 말해서 서로 간격이 80센티미터 이하로 줄어들면 불편하고 불안해지고 상대를 공격하고 싶은 충동을 느낀다.

이럴 때는 어떻게 하는 게 좋을까? 대개의 경우 엘리베이터를 포기하기란 어렵다. 결국 우리 태도를 상황에 맞추는 수밖에 도리가 없다. 캥거루와 똑같이 행동하는 게 답이다. 엘리베이터 안의 사람들은 문을 향해 초점을 맞추고 집단적으로 앞 사람의 뒤통수를 바라봄으로써 직접적인 접촉을 피한다. 이런 식으로 직접적인 자극을 주고받을 위험을 모면하는 것이다. 뒤통수만 보는데 흥분할 이유가 없다.

한번 시험해보라. 반대로 해보는 것도 나쁘지 않다. 함께 승강기를 탄 사람의 얼굴을 평소와 달리 마주보고 노려보아라. 그러면 상대의 분위기가 변해가는 것을 생생하게 체감할 수 있을 것이다.

갈등에 빠지는 것을 피하려면 제3의 것에 함께 집중하면 된다. 이런 원리는 엘리베이터 바깥에서도 통한다. 예를 들어 서로 적대감을 갖는 그룹이라 할지라도 공동의 목표가 생기면 얼마든지 화해할 수 있다. 서로가 실력 행사를 해야 할지 말아야 할지 더 이상 신경을 쓸 필요가 없기 때문이다. 더불어 호감을 갖게 된다. 엘리베이터 문을 함께 쳐다보듯, 공통의 목표에 집중하라. 부글부글 끓어오르는 상황일지라도 이런 작은 요령만으로 다시 평온을 찾을 수 있다.

048

창피한 상황을
재빨리 모면하는 법

〔 조명 효과 〕

가장 친한 친구의 생일 파티.

"마실 거 좀 가져올게."

당신은 함께 있던 그룹에게 이렇게 말하며 자리를 떴다. 몇 분 뒤 한아름 음료수를 안고 돌아온다. 쟁반에 두 잔의 샴페인, 두 잔의 맥주를 들고 화이트와인 한 병은 왼쪽 겨드랑이 사이에 끼었다. 그러나 안타깝게도 바닥에 떨어진 냅킨 한 장을 보지 못했다. 처음에는 산뜻하고 우아한 자세를 유지했으나 멈출 수 없이 오른발이 앞으로 미끄러져 나간다. 중심을 잃으면서 우아함은 장렬하게 사라지고 당신은 테이블 모서리에 부딪쳤다. 와장창 소리를 내며 잔과 병이 바닥에 떨어졌다. 이럴 때 당신이라면 무슨 생각을 할까?

□ 무슨 일 있었어?
□ 당장 땅바닥으로 꺼져 없어져 버리고 싶다. 이 사람들 앞에 다시는 내 모습을 보여주지 않을 거야.
□ 뭐, 그렇게 심각한 건 아냐. 5분 뒤에는 아무도 기억하지 못할걸.

당신이 특히 여유로운 인물이라면 '무슨 일 있었어?' 하고 생각하는 데서 그치지 않고 좌중을 둘러보며 그렇게 물어볼 게 틀림없다. 하지만 보통의 사람들은 대개 이런 상황에서 '땅바닥으로 꺼져 없어지는 쪽'을 택한다.

가장 흥미로운 물음은 지금부터다. 다른 사람들은 이 상황을 어떻게 볼까? 그들 역시 당신이 다시는 눈앞에 나타나지 않았으면 좋겠다고 생각할까? 이 물음에 심리학이 내놓은 답은 이렇다. 주변 사람들 대다수는 사건을 그저 잠깐 신경 쓸 뿐, 더 이상 아무 생각도 하지 않는다.

우리는 보통 다른 사람이 자신에게 보여주는 관심과 주목을 아주 과대평가한다. 심리학은 이런 현상을 '스포트라이트 효과

^{Spotlight Effect}'라고 부른다. 실제로 그런 것보다 훨씬 더 강력한 주목을 받는다고 믿는 현상이다.

스포트라이트 효과는 여러 차례 실험을 통해 입증되었다. 한 실험에서는 대학생들에게 '정말 쪽팔린다!'고 새겨진 티셔츠를 입혔다. 티셔츠 앞면에는 대학생들 사이에서 한물간 가수로 여겨지는 배리 매닐로^{Barry Manilow}의 얼굴이 찍혀 있었다. 나중에 대학생들에게 얼마나 많은 관찰자가 그 티셔츠에 반응하더냐고 물었다. 그리고 관찰자에게도 물어보고 수를 비교했다. 결과는 그 티셔츠 자체를 기억하는 관찰자의 수는 티셔츠를 입은 학생들이 추측했던 것의 절반에도 미치지 않았다. 다르게 꾸며진 상황도 비슷한 결과를 내놓았다. 이를테면 토론 참가자는 자신의 허술한 발언을 다른 사람들이 똑똑히 기억해둘 것이라고 창피해했으나, 실제로 그의 발언에 주목한 사람은 거의 없었다.

스포트라이트 효과는 자기중심주의와 관련이 깊다. 우리는 자신이 하는 모든 일을 특히 강하게 인지한다. 그런 탓에 다른 사람들 역시 우리를 주의 깊게 관찰하고 있다고 생각한다. 그러나 사실은 다르다. 단 1초 동안 다른 사람의 입장이 되어보라. 그러면 나에게 별 관심이 없다는 것을 알 수 있다. 물론 다른 사람도 우리와 마찬가지로 주의 깊게 관찰하기는 한다. 그러나 그 대상은 상대가 아니라 바로 자기 자신이다. 다른 사람 역시 자기중심주의와 씨름하기 때문이다.

우리는 자기중심주의 탓에 인생 전반에 걸쳐 '다른 사람이 나를 어떻게 생각할까?'라는 물음에 끌려 다니며 불안에 떤다. 그러나 다른 사람 역시 오로지 '저 사람은 나를 어떻게 생각할까?'라는 물음에만 골몰할 뿐이다.

스포트라이트 효과는 앞의 사례처럼 창피한 상황에서만 일어나는 게 아니다. 좋은 순간에도 우리는 실제보다 사람들이 우리를 더 주목한다고 믿는다. 토론에서 똑똑한 말을 했다거나, 회사가 추진하는 프로젝트에 큰 공을 세웠다고 뿌듯해할 때, 우리는 실제보다 강한 조명을 받는다고 여긴다. 그래서 나중에 내가 한 일이 별로 주목받지 못하거나 아예 무시되었다는 것을 알게 되면 크게 실망을 한다. "아무도 내가 하는 일을 알아주지 않아!"라며 분노를 터뜨리고 좌절하는 경우도 있다.

다른 사람이 내가 하는 일에 별 관심이 없다는 사실은 분명 쓰라리다. 그러나 동시에 해방감도 준다. 스포트라이트 효과를 염두에 두고 행동하면 두 가지 방향으로 도움이 된다. 우선, 그렇게 쪽팔리는 일은 없다. 사람들은 자신에게 몰두하느라 나를 신경 쓰지 않기 때문이다. 다음으로 세상이 오로지 나만 뚫어져라 바라보는 게 아님을 깨닫는다. 이런 깨달음은 묘한 해방감과 편안함을 준다.

성공하고 싶다면
반드시 알아야 할 것

〔 충동 조절 〕

누군가 당신의 코앞에 초콜릿 한 조각을 흔들며 선택을
요구하는 상황을 가정해보자.

"지금 초콜릿 한 조각을 받을래, 아니면 내일 아침까지
기다렸다가 두 조각을 받을래?"

당신이라면 어떤 선택을 할까?

어쩌면 '이 무슨 애들 장난이야' 하고 생각할지 모르겠으나,
이 물음은 당신의 인생을 두고 아주 많은 이야기를 들려준다.

이 초콜릿 질문은 1960년대에 월터 미셸Walter Mischel이라는 심
리학자가 아이들을 상대로 행한 유명한 실험이다. 그는 아이들

에게 마시멜로 한 박스를 보여주며 선택하라고 했다. 지금 당장 박스에서 마시멜로 하나를 받을래, 아니면 몇 분 기다렸다가 두 개를 받을래? 몇몇 아이들은 당장 마시멜로를 잡았다. 다른 아이들은 눈앞의 유혹을 이겨내느라 안간힘을 쓰면서 두 개를 받기 위해 기다렸다. 딴 곳을 바라보거나 아예 두 눈을 질끈 감거나 다른 일에 신경 썼다. 여기까지야 그리 주목할 만한 일은 아니다. 그저 아이들은 서로 다르게 반응한다는 확인에 그쳤다.

놀라운 일은 14년 뒤에 나타났다. 미셸은 당시 실험에 참여한 아이들을 다시 찾아갔다. 결과는 명확했다. 두 번째 마시멜로를 기다렸던 아이들은 우수한 학업 성적으로 좋은 대학교에 진학했으며, 스트레스를 잘 견디고 자신감에 넘치며 사교적인 인격자로 성장했다. 반대로 참지 못하고 당장 마시멜로를 손에 넣었던 아이들은 그다지 성공적이지 않았다. 주변 사람들은 그를 두고 포기가 빠르고 질투가 심하다고 평가하기도 했다.

당장의 간절한 욕구를 포기할 줄 아는 능력을 우리는 '보상 유예^{Deferred gratification}' 혹은 '충동 컨트롤^{Impulse control}'이라 부른다. 이 유명한 미셸 연구는 충동 컨트롤 능력이 뛰어날수록 직업적으로나 사회적으로 성공적인 인생을 산다는 것을 확인해주었다.

이 실험이 주는 교훈은 분명하다. 공과 사를 막론하고 우리는 인생을 살며 아주 많은 장애물과 싸워야 한다. 다른 사람들이 언제나 우리를 활짝 벌린 팔로 맞아주지 않으며, 우리가 원하는 모든 것을 곧장 베풀어주지도 않는다. 결국 끊임없이 새롭게 시도하는 사람이 성공한다. 그러니까 원하는 것을 당장 얻을 수 없을 때 감정을 다스릴 줄 아는 사람이 좌절하지 않고 노력해서 성공의 길로 나아간다. 이런 능력은 아이들에게 마시멜로 질문을 던짐으로써 조기 테스트할 수 있다.

그러면 어린 시절 당장 마시멜로를 움켜쥐었던 사람은 이제 너무 늦은 것일까? 아니다, 다행히도 충동 컨트롤은 훈련을 통해 배울 수 있다. 정말 갖고 싶은 새 구두나 휴대폰을 보거든 저걸 꼭 오늘 사야만 할까 하고 자신에게 되물어라. 그래도 사고 싶다면 장바구니에 담아놓아라. 다음 번에도 바뀌지 않으면 사겠다는 마음으로 말이다. 지금 당장 애인과 키스를 하고 싶은데 애인이 마침 다른 일에 몰두하느라 "자기야, 지금은 곤란해!" 하고 말한다고 해서 저녁 내내 삐쳐 있지 말자. 다음과 같이 생각하자.

'나중에 하는 키스가 더 달콤할 거야.'

갖고 싶은 것은 당장 가져야 직성이 풀리는 쪽에 가깝다면, 인내심을 훈련해볼 것을 권한다. 휴대폰이나 한 번의 키스가 인생의 전부는 아니다. 인내심이야말로 인생을 좌우할 가장 중요한 능력 가운데 하나이다. 당신이 아이를 가진 부모라면 자녀의 모든 희망을 당장 채워주기보다 참을성을 기르도록 해주자. 결과적으로 자녀를 위한 최고의 투자가 될 것이다.

050

여러 가지 일을
동시에 잘하는 법

[멀티태스킹]

유튜브를 보며 통화를 하고 차를 끓이며 뉴스를 보고, 요리를 하며 집안일을 하는 등 동시에 두 가지 일을 더 잘 하는 쪽은 누구일까?

☐ 남자

☐ 여자

여러 가지 일을 동시에, 그것도 성공적으로 처리하는 멀티태스킹Multitasking 능력은 아주 특별한 재능이다. 지금껏 이런 영역은 여자의 전유물로 여겨져 왔다. 오랫동안 과학은 남자보다 여

자의 멀티태스킹 능력이 훨씬 더 뛰어나다고 굳게 믿었다. 예를 들어 가정에서 여자와 남자가 축구경기 중계를 본다고 해보자. 남자는 경기 시청을 중단해야만 상대가 무슨 말을 하는지 알아들었다. 반면, 여자는 상대의 말을 잘 들으면서도 동시에 축구 경기 관람을 멈추지 않았다.

이처럼 여자가 남자보다 멀티태스킹 능력이 뛰어난 이유는 여러 가지로 살펴볼 수 있다.

첫째, 여자는 우뇌와 좌뇌 사이를 오가며 전환하는 속도가 빠르다. 이 근거로 멀티태스킹 능력을 갖춘 몇 안 되는 남자들 가운데 대다수가 양손잡이였다는 점을 들 수 있다. 양손잡이란 오른손과 왼손으로 글자 쓰기, 가위질 등을 할 수 있는 사람을 말한다.

둘째, 여자는 아주 일찍부터 여러 가지 일을 동시에 처리하는 훈련을 한다. 예를 들어 아이를 돌보며 요리도 하고 청소도 한다.

셋째, 사회적 고정관념에 의해 여자의 멀티태스킹 능력은 단련되고 커진다. 여자가 남자보다 멀티태스킹 능력이 더 뛰어나다는 통설이 당연한 것으로 여겨지는 탓에 여자가 사람들과 만나면서 동시에 여러 가지 일을 하는 것은 그다지 무례한 태도로 간주되지 않는다. 그러나 남자의 경우는 사정이 다르다. 흔히 남자는 같은 시간에 오로지 한 가지 일만 한다는 게 속설이다. 그래서 남자는 전화를 하면서 인터넷을 한다든지 수염을 깎으며 작업을 한다든지 하면 너무 무례한 거 아니냐는 핀잔을 듣는다.

그러나 이 모든 것은 옛날 이야기이다. 현재 진행되고 있는 연구는 이 모든 선입견을 깨끗이 쓸어버리고 있다. 멀티태스킹 능력을 자기 충족적 예언에 맞춰 연습하고 또 연습하면 여자든 남자든 완벽하게 구사할 수 있다는 것이 입증되었다.

노동과 건강 문제 연구소에서 이와 관련된 실험을 했다. 먼저 실험 참가자들에게 두 가지 과제를 주었다. 하나는 운전 시뮬레이션을 하면서 신호가 주어지면 차선을 바꾸는 것이었고, 다른 하나는 컴퓨터 화면에 차례로 나타나는 단어들에서 오타를 찾아내는 일이었다.

첫 번째 시도에서는 두 가지 과제를 따로 해결하게 했다. 두 번째 시도에서는 각각 보충 과제가 따라붙었다. 이를테면 운전 시뮬레이션에서는 그 작업을 하는 동안 휴대폰 번호를 누른다든가 거리에 나타나는 안내판을 읽게 했다. 컴퓨터 앞에 앉아 오타를 찾는 사람은 헤드폰으로 어떤 텍스트를 듣고 그 내용을 기억하게 했다. 이때 서로 의존하는 값으로 과제 이행도, 주관적 체험, 신체의 반응 등을 종합해서 측정했다.

그 결과 여러 가지 일을 동시에 처리하는 능력은 여자가 더 뛰어나다는 생각이 잘못된 추정임이 밝혀졌다. 남자든 여자든 멀티태스킹 조건 아래서는 다 과제를 잘 처리하지 못했다. 동시에 여러 가지 일을 하는 사람은 그만큼 품질이 떨어지는 결과를 내놓았으며, 몹시 긴장했고 사고 위험이 커지는 경향도 보여줬다. 여기서 남자와 여자라는 성 차이는 별다른 영향이 없었다. 모든 일을 동시에 처리하려는 사람은 결국 여러 일을 차례로 감당하는 사람에 비해 훨씬 더 많은 시간을 필요로 했다.

그런데 흥미로운 점은 평소 익숙한 일은 동시에 여러 일을 하면서도 아무 문제없이 처리할 수 있었다는 것이다. 이를테면 아침을 먹으면서 신문을 읽는다든지, 따뜻한 물을 채운 욕조에 누워 샴페인을 홀짝거리는 일이야 얼마든지 할 수 있다. 결론은, 현대 사회에서 멀티태스킹은 업무 능력을 가늠하는 중요한 잣대로 평가되어왔지만 실제로는 여러 가지 일을 동시에 하는 것보다 한 번에 한 가지 일을 처리하는 게 더 낫다는 것이다.

051

토론 논쟁에서
이기는 기술

〔 잠재의식 〕

> 심리학자가 토론에서 상대를 제압하는 최고의 병기는
> 잠재의식이다.

　심리 분석이라는 비밀병기는 앞으로 당신이 어떻게 해야 항
상 권리를 보장받을지 알려준다. 앞에서 상대를 제압하는 최고
의 병기가 잠재의식이라고 한 이유는 잠재의식은 과학적으로
연구할 수 없는 것이기 때문이다. 잠재의식의 존재는 증명된 바
없지만 그렇다고 우리가 곤란해질 필요는 없다. 잠재의식을 들
먹이는 것은 아주 실용적이기 때문이다. 환자가 의사의 애매한
진단에 동의하지 못하는 경우, 의사는 언제나 다음처럼 대답할

수 있다.

"알아요, 잠재의식에서 당신은 치료에 매우 만족하고 있어요. 당신이 그걸 모르는 것뿐이에요."

이로써 우리는 언제나 옳다.

여기서 무얼 배워야 할까? 첫째, 토론에서 상대에게 막히는 것 같으면 그의 잠재의식에 뭔가가 숨어 있다고 주장하고, 그렇지 않다면 증명하라고 윽박질러라. 둘째, 심리학자를 조심하라.

INDEX

참고 자료

1. 감정을 숨기는 게 습관이 돼버린 당신에게 (감정 사용법)

- Holler, I. : 《Trainingsbuch Gewaltfreie Kommunikation》, Paderborn, 2010.
- Rosenberg, M.: 《Gewaltfreie Kommunikation : Eine Sprache des Lebens》. Paderborn, 2007.

2. 하는 일마다 되는 게 없다고 느낄 때 (리프레이밍)

- Bandler, R. & Grinder, J. : 《Reframing. Ein okologischer Ansatz in der Psychotherapie(NLP)》, Paderborn, 2005.
- Junfermann Conoley, C. W. & Garber, R. A. : 'Effects of Reframing and Self-Control Directives on Loneliness, Depression, and Controllability', <Journal of Counseling Psychology>, 1985, 139~142.
- O'Connor, J. : 《NLP – das Workbook》, Kirchzarten, Vak-Verlag, 2007.
- Robbins, M. S. & Alexander, J. F. & Newell, R. M. & Turner, C. W. : 'The Immediate Effect of Reframing on Client Attitude in Family Therapy', <Journal of Family Psychology>, 1996, 28~24.

3. 신나는 일은 짧게, 지겨운 일은 단번에 (습관화)

- Nelson, L. D., Meyvis, T. & Galak, J. : 'Enhancing the Television-Viewing Experience through Commercial Interruptions', <Journal of Consumer Research>, 2009, 160~172.
- Peiper, A. : 'Sinnesempfindungen des Kindes vor seiner Geburt', <Monatsschrift für Kinderheilkunde>, 1925, 237~241.

4. 남이 하면 불륜, 내가 하면 로맨스인 이유 (기본적 귀인 오류)

- Ross, L. : 'The intuitive psychologist and his shortcomings: Distortions in the attribution process', 《Advances in Experimental Social Psychology》, New York, Academic Press, 1977.

5. 꼴도 보기 싫은 직장 동료와 잘 지내는 법 (점화 효과)

- Bargh, J. A. & Gollwitzer, P. M. & Lee-Chai, A. Y. & Barndollar, K. & Troetschel, R. : 'The automated will: Nonconscious activation and pursuit of behavioral goals', <Journal of Personality and Social Psychology>, 2001, 1014~1027.
- Higgins, E. T. & Rholes, W. S. & Jones, C. R. : 'Category Accessibility and Impression Formation', <Journal of Experimental Social Psychology>, 1977, 141~154.

6. 잘나가는 친구랑 비교하지 말아야 하는 이유 (비교의 덫)

- Festinger, L.: 'A Theory of Social Comparison Processes', <Human Relations>, 1954, 117~140.
- Fliessbach, K. & Weber, B. & Trautner, P. & Dohmen, T. & Sunde, U. & Elger, C. E. & Falk, A. : 'Social Comparison Affects Reward-Related

Brain Activity in the Human Ventral Striatum', <Science>, 2007, 1305~1308.

7. 사람들이 당신을 환영해주길 바라는가? (안면 피드백 이론)

- Strack, F. & Martin, L. & Stepper, S. : 'Inhibiting and facilitating conditions of the human smile : A nonobtrusive test of the facial feedback hypothesis', <Journal of Personality and Social Psychology>, 1988, 768~777.
- Tomkins, S. : 《Affect, imagery, consciousness : The positive affects》, New York, Springer, 1962.

8. 타인을 내 뜻대로 바꿀 수 있는 유일한 방법 (자기 충족적 예언)

- Biggs, M. : 'Self-fulfilling Prophecies', : Bearman, P. & Hedstrom, P. : 《The Oxford Handbook of Analytical Sociology》, Oxford : University Press, 2009.
- Ferraro, F. & Sutton, J. (2005) : 《Economics Language and Assumptions : How Theories can become Self-Fulfilling》, <Academy of Management Review>, 8~24.

9. 행복한 부부일수록 반드시 지키는 것 (지각적 범주화)

- Redden, J. P. : 'Reducing Satiation: The Role of Categorization Level', <Journal of Consumer Research>, 2008, 624~634.

10. '동의하지 않음'이 곧 당신에 대한 공격은 아니다 (적극적 경청)

- Bay, R. H. : 《Erfolgreiche Gespräche durch aktives Zuhören》, Renningen, Expert Verlag, 2010.

11. 잘못된 선택임을 알고도 끝끝내 버티는 마음 (인지부조화)

- Aronson, E. & Mills, J. : 'The effect of severity of initiation on liking for a group', <Journal of Abnormal and Social Psychology>, 1959, 177~181.

- Egan, L. C. & Santos, L. R. & Bloom, P. : 'The Origins of Cognitive Dissonance. Evidence From Children and Monkeys', <Psychological Science>, 2007, 978~983.

- Festinger, L. & Irle, M. & Möntmann, V. : 《Theorie der kognitiven Dissonanz》, Bern, Huber, 1978.

12. 어쩌면 당신의 생명을 구해줄 상상실험 (이미지 트레이닝)

- Morewedge, C. K. & Huh, Y. E. & Vosgerau, J. : 'Thought for Food: Imagined Consumption Reduces Actual Consumption', <Science>, 2010, 1530~1533.

13. 상대방도 존중받을 권리가 있다. 당신과 마찬가지로 (자기중심주의의 함정)

- Borke, H. : 'Interpersonal perception of young children: Egocentrism or empathy?', <Developmental Psychology>, 1971, 263~269.

- Piaget, J. : 《Das Weltbild des Kindes》, München, Deutscher Taschenbuch Verlag, 1992.

14. 능력 없는 사람이 자꾸만 선거에 나오는 심리 (우월함 환상)

- Buunk, B. P. : 'Perceived superiority of one's own relationship and perceived prevalence of happy and unhappy relationships', <British Journal of Social Psychology>, 2001, 565~574.

- Ehrlinger, J. & Johnson, K. & Banner, M. & Dunning, D. & Kruger, J.

: 'Why the unskilled are unaware: Further explorations of (absent) self-insight among the incompetent', : <Organizational Behavior and Human Decision Processes>, 2008, 98~121.

15. 남의 감정을 내 것으로 받아들이면 위험하다 (동정 VS 공감)

- Finke, J. : 《Empathie und Interaktion》, Stuttgart, Thieme, 2004.

16. 충고의 밑바탕에 깔린 자기중심적 관점 (투사)

- Deimann, P. & Kastner-Koller, U. : 'Was machen Klienten mit Ratschlagen? Eine Studie zur Compliance in der Erziehungsberatung', <Praxis der Kinderpsychologie und Kinderpsychiatrie>, 1992, 46~52.
- Linden, M. (2005) : 'Prinzipien der Psychotherapie', <Medizinische Therapie>, 2005, 1317~1322.
- Rogers, C. R. : 《Entwicklung der Personlichkeit: Psychotherapie aus der Sicht eines Therapeuten》, Stuttgart : Klett-Cotta, 2008.

17. 원하는 연봉을 받는 사람들의 비밀 (정박 효과)

- Critcher, C. R. & Gilovich, T. : 'Incidental environmental anchors', <Journal of Behavioral Decision Making>, 2008, 241~251.
- Kahneman, D. & Tversky, A. : 'Subjective probability: a judgement of representativeness', <Cognitive Psychology>, 1972, 430~454.
- Kahneman, D. & Tversky, A. : 'On the psychology of prediction', <Psychological Review>, 1973, 237~251.
- Northcraft, G. B. & Neale, M. A. : 'Experts, amateurs, and real estate: An anchoring-and-adjustment perspective on property pricing decisions', <Organizational Behavior and Human Decision

Processes>, 1987, 84~97.

18. 통계 대신 기억을 믿는 사람들의 심리 (대표성 휴리스틱)

- Schwarz, N. & Bless, H. & Strack, F. & Klumpp, G. & Rittenauer-Schatka, H. & Simons, A. : 'Ease of retrieval as information: Another look at the availability heuristic', <Journal of Personality and Social Psychology>, 1991, 195~202.

19. 면접에서 심리학을 활용하는 법 (첫머리 효과 VS 최신 효과)

- Anderson, N. H. & Barrios, A. A. : 'Primacy effects in personality impression formation', <The Journal of Abnormal and Social Psychology>, 1961, 346~350.
- Baddeley, A. D. & Hitch, G. : 'The recent effect: implicit learning with explicit retrieval?', <Memory & Cognition>, 1993, 146~155.

20. 끌리는 사람이 되고 싶다면 (후광 효과)

- Averett, S. & Korenman, S. : 'The Economic Reality of the Beauty Myth', <Journal of Human Resources>, 1996, 304~330.
- Badr, L. K. & Abdallah, B. : 'Physical attractiveness of premature infants affects outcome at discharge from the NICU', <Infant Behavior and Development>, 2001, 129~133.
- Hamermesh, D. S. & Biddle, J. E. : 'Beauty and the Labor Market', <American Economic Review>, 1994, 1174~1194.
- Thorndike, E. L. : 'A constant error on psychological rating', <Journal of Applied Psychology>, 1920, 25~29.

21. 일상의 스트레스, 어떻게 관리하는 게 최선일까? (적응)

- Krohne, H. W. & Slangen, K. E. : 'Influence of Social Support on Adaptation to Surgery', <Health Psychology>, 2005, 101~105.
- Selye, H. : 《Stress beherrscht unser Leben》, Dusseldorf, Econ, 1956.
- Taylor, S. E. & Klein, L. C. & Lewis, B. P. & Gruenewald, T. L. & Gurung, R. A. & Updegraff, J. A. : 'Biobehavioral Responses to Stress in Females: Tend-and-Befriend, Not Fight-or-Flight', <Psychological Review>, 2000, 411~429.

22. 당신이 지금 행복하지 않은 이유 (자기 효능감)

- Bandura, A. : 《Self-Efficacy : The Exercise of Control》, New Yor, Freeman, 1997.
- Langer, E. & Rodin, J. : 'The effects of choice and enhanced personal responsibility for the aged: A field experiment in an institutional setting', <Journal of Personality and Social Psychology>, 1976, 191~198.

23. 잠재의식을 통해 원하는 것을 이루는 법 (잠재의식)

- Freud, S. : 《Das Unbewusste: Schriften zur Psychoanalyse》, Frankfurt & M., Fischer, 1960.
- Kitz, V. & Tusch, M. : 《Ich will so werden, wie ich bin – Für SelberLeber》, Frankfurt & M., Campus, 2011.
- Murphy, J. : 《Die Macht Ihres Unterbewusstseins》, Munchen, Ariston, 2009.

24. 왜 종교를 가진 사람들이 더 오래 살까? (종교 효과)

- McCullough, M. E. & Willoughby, B. L. B. : 'Religion, Self-Regulation,

and Self-Control : Associations, Explanations, and Implications',
<Psychological Bulletin>, 2009, 69~93.

25. 말도 안 되는 음모론이 널리 퍼지는 이유 (환상 오류)

• Whitson, J. A. & Galinsky, A. D. (2008) : 'Lacking Control Increases Illusory Pattern Perception', <Science>, 2008, 115~117.

26. 당신이 솔로라면 반드시 알아야 하는 것 (인위적 희소화 전략)

• Mayer, H. O. : 《Einführung in die Wahrnehmungs-, Lern- und Werbepsychologie》, München, Oldenbourg, 2005.

27. 어떻게 하면 그의 마음을 얻을 수 있을까? (단순 노출 효과)

• Graziano, W. G. & Jensen-Campbell, L. A. & Shebilske, L. J. Lundgren, S. R. : 'Social influence, sex differences and judgements of beauty: Putting the interpersonal back into interpersonal attraction', <Journal of Personality and Social Psychology>, 1993, 522~531.

• Hasher, L. & Goldstein, D. & Toppino, T. : 'Frequency and the conference of referential validity', <Journal of Verbal Learning and Verbal Behavior>, 1977, 107~112.

• Moreland, R. L. & Beach, S. R. : 'Exposure effects in the classroom: The development of affinity among students', <Journal of Experimental Social Psychology>, 1992, 255~276.

• Moreland, R. L. & Zajonc, R. B. : 'Exposure effects in person perception: Familiarity, similarity, and attraction', <Journal of Experimental Social Psychology>, 1982, 395~415.

28. 10초 만에 면접관의 호감을 얻는 한 마디 (유사성의 원리)

- Amodio, D. M. & Showers, C. J. : "'Similarity breeds liking' revisited: The moderating role of commitment', <Journal of Social and Personal Relationships>, 2005, 817~836.
- Hinsz, V. B. : 'Facial Resemblance in Engaged and Married Couples', <Journal of Social and Personal Relationships>, 1989, 223~229.
- McPherson, M. & Smith-Lovin, J. & Cook, J. M. : ' Birds of a feather : Homophily in Social Networks', <Annual Review of Sociology>, 2001, 415~444.

29. 아내와 여동생의 사이가 좋지 않다면 (P-O-X 모델)

- Heider, F. : 《The psychology of interpersonal relations》, New York, Wiley, 1958.

30. 직장에서 서로 껄끄러워하는 동료가 있다면 (상호성의 원리)

- Curtis, R. C. & Miller, K. : 'Believing another likes or dislikes you : Behaviors making the beliefs come true', <Journal of Personality and Social Psychology>, 1986, 284~290 .
- Gold, J. A. & Ryckman, R. M. & Mosley, N. R.: 'Romantic mood induction and attraction to a dissimilar other : Is love blind?', <Personality and Social Psychology>, 1984, 358~368.
- Swann, W. B. & Stein-Seroussi, A. & McNulty, S E. (1992) : 'Outcasts in a White-Lie Society : The Enigmatic Worlds of People With Negative Self-Conceptions', <Journal of Personality and Social Psychology>, 1992, 618~324.

31. 왜 우리는 거미보다 아기 곰을 좋아할까? (평가자 간의 신뢰도)

- Axelsson, J. & Sundelin, T. & Ingre, M., & Van Someren, E. J. W. & Olsson, A. & Lekander, M. : 'Beauty sleep: experimental study on the perceived health and attractiveness of sleep deprived people', <British Medical Journal online>, 2010, DOI: 10.1136 & bmj.c6614 (http: & & www.bmj.com & content & 341 & bmj.c6614)
- Cunningham, M. R. : 'Measuring the Physical in Physical Attractiveness : Quasi-Experiments on the Sociobiology of Female Facial Beauty', <Journal of Personality and Social Psychology>, 1986, 925~935.
- Cunningham, M. R. & Barbee, A. P. & Pike, C. L. : 'What do women want? Facialmetric assesment on multiple motives in the perception of male facial physical attractiveness', <Journal of Personality and Social Psychology>, 1990, 61~72.
- Graziano, W. G. & Jensen-Campbell, L. A. & Shebilske, L. J. & Lundgren, S. R. : 'Social influence, sex differences and judgements of beauty: Putting the interpersonal back into interpersonal attraction', <Journal of Personality and Social Psychology>, 1993, 522~531.

32. 싸우지 않고 웃으며 갈등을 해결하는 법 (개입)

- Besemer, C. : 《Mediation: Die Kunst der Vermittlung in Konflikten》, Tübingen, Gewaltfrei Leben Lernen, 2009.
- Glasl, F. : 《Konfliktmanagement: Ein Handbuch für Führungskräfte, Beraterinnen und Berater》, Stuttgart, Freies Geistesleben, 2004.
- Kitz, V. & Tusch, M. : 《Ich will so werden, wie ich bin – Für SelberLeber》, Frankfurt & M., Campus, 2011.

- Tusch, M. : 'DVD: Ein Tusch für alle Fälle. Schulungs-DVD für Mediation', Offenbach, Gabal, 2011.

33. 상대방이 거절할 수 없게 부탁하는 법 (부정적 상태 감소 가설 VS 공감 이타주의)

- Cialdini, R. B. & Darby, B. L. & Vincent, J. E. : 'Transgression and altruism: A case for hedonism', <Journal of Personality and Social Psychology>, 1973, 502~516.
- Isen, A. M. & Levin, P. F. (1972) : 'Effect of feeling good on helping: Cookies and kindness', <Journal of Personality and Social Psychology>, 1972, 384~388.
- McMillen, D. L. & Sanders, D. Y. & Solomon, G. S. : 'Self-esteem, Attentiveness, and Helping Behavior', <Personality and Social Psychology Bulletin>, 1977, 257~261.
- North, A. C. & Tarrant, M. & Hargreaves, J. (2004) : 'The Effects of Music on Helping Behavior', <Environment and Behavior>, 2004, 266~275.

34. 불규칙한 보상이 기대 심리를 높인다 (조건 반사)

- Lefrancois, G. R. : 《Psychologie des Lernens》, Berlin, Springer, 2003.
- Margraf, J. & Schneider, S. : 《Lehrbuch der Verhaltenstherapie. Grundlagen, Diagnostik, Verfahren, Rahmenbedingungen》, Berlin, Springer, 101~113, 2009.

35. 감정을 소홀히 여기면 치명적인 결과를 낳는다 (마음 청소)

- Fischer, G. & Riedesser, P. : 《Lehrbuch der Psychotraumatologie》, Stuttgart, UTB, 2009.

- Resick, P. : 《Stress und Trauma: Grundlagen der Psychotraumatologie》, Bern, Huber, 2003.
36. 왜 나는 싫어도 싫다고 말하지 못할까? (동조 현상)

- Asch, S. : 'Opinions and social pressure', <Scientific American>, 1951, 31~35.
- Berns, G. S. & Chappelow, J. & Zink, C. F. & Pagnoni, G. & Martin-Skurski, M. E. & Richards, J. : 'Neurobiological Correlates of Social Conformity and Independence During Mental Rotation', <Biological Psychiatry>, 2005, 245~253.
- Milgram, S. : 《Das Milgram-Experiment. Zur Gehorsamsbereitschaft gegenüber Autorität》, Reinbek, Rowohlt, 1982.
- Rohrer, J. H. & Baron, S. H. & Hoffman, E. L. & Swander, D. V. (1954) : 'The stability of autokinetic judgments', <Journal of Abnormal and Social Psychology>, 49, 1954, 595~597.
37. 위급한 상황에서 '가만히 있으라'라는 말을 따르는 심리 (방관자 효과)

- Beaman, A. L. & Barnes, P. J. & Klentz, B. & McQuirk, B. : 'Increasing Helping Rates Through Information Dissemination: Teaching Pays', <Personality And Social Psychology Bulletin>, 1978, 406~411.
- Darley, J. M. & Latane, B. : 《The unresponsive bystander : Why doesn't he help?》, New York, Appleton-Century Crofts, 1970.
- Darley, J. M. & Latane, B. : 'Bystander intervention in emergencies: Diffusion of responsibility', <Journal of Personality and Social Psychology>, 1968, 377~383.

38. 당신이 원하는 것을 사람들이 하게 만드는 법 (리액턴스 효과)

- Brehm, J. W. : 《Theory of psychological reactance》, New York, Academic Press, 1966.
- Mischel, W. & Masters, J. C. : 'Effects of probability of reward attainment on responses to frustration', <Journal of Personality and Social Psychology>, 1966, 390~396.

39. 세금을 미리 낸 사람은 탈세를 저지르지 않는다 (소유 효과)

- Kahneman, D. & Knetsch, J. L. & Thaler, R. H. : 'Experimental Test of the endowment effect and the Coase Theorem', <Journal of Political Economy>, 1990, 325~1348.
- Kuhnen, C. M. & Knutson, B. : 'The Neural Basis of Financial Risk Taking', <Neuron>, 2005, 763~770.

40. 창의적인 사람은 무엇이 다를까? (정신적 블로킹)

- Duncker, K. : 'On problem solving', : <Psychological Monographs>, 1945, 1~110.
- Hussy, W. : 《Denken und Problemlösen》, Stuttgart, Kohlhammer, 1998.
- Schneider, W. : 《Die Enzyklopadie der Faulheit: Ein Anleitungsbuch》, Frankfurt & M., Eichborn, 2003.

41. 외적인 보상이 인간에게 의욕을 심어줄까? (과잉정당화 효과)

- Deci, E. L. : 'Effects of externally mediated rewards on intrinsic motivation', <Journal of Personality and Social Psychology>, 1971, 105~115.

- Fehr, E. & Falk, A. : 'Psychological foundations of incentives', <European Economic Review>, 2002, 687~724.

- Greene, D. & Sternberg, B. & Lepper, M. R. : 'Overjustification in a token economy', <Journal of Personality and Social Psychology>, 1976, 1219~1234.

42. 바로 눈 앞에 있는데도 물건을 찾지 못하는 이유 (변화맹)

- Grimes, J. : 'On the failure to detect changes in scenes across saccades', : Akins, K. : 《Perception (Vancouver Studies in Cognitive Science)》, New York, Oxford University Press, 1996, 89~110.

- Levin, D. T. & Simons, D. J. : 'Failure to detect changes to attended objects in motion pictures', <Psychonomic Bulletin and Review>, 1997, 501~506.

- O'Regan, J. K. & Noe, A. : 'A sensorimotor account of vision and visual consciousness', <Behavioral and Brain Sciences>, 2001, 939~1031.

- Simons, D. J. & Levin, D. T. : 'Failure to detect changes to people during a real-world interaction', <Psychonomic Bulletin and Review>, 1998, 644~649

43. 조지 부시는 왜 빌딩이 무너지는 걸 보았다고 말했을까? (섬광 기억)

- Bohn, A. & Berntsen, D. : 'Pleasantness Bias in Flashbulb Memories: Positive and negative Flashbulb Memories of the Fall of the Berlin Wall', <Memory and Cognition>, 2007, 565~577.

- Brown, R. & Kulik, J. : 'Flashbulb memories', <Cognition>, 1977, 73~99.

- Greenberg, D. L. : 'President Bush's False 'Flashbulb' Memory of 9 & 11 & 01', <Applied Cognitive Psychology>, 2004, 363~370.

- Hamann, S. B. & Ely, T. D. & Grafton, S. T. & Kilts, C. D. : 'Amygdala activity related to enhanced memory for pleasant and aversive stimuli', <Nature Neuroscience>, 1999, 289~293.

- McCloskey, M. & Wible, C. G. & Cohen, N. J. : 'Is There a Special Flashbulb-Memory Mechanism?', <Journal of Experimental Psychology>, 1988, 171~181.

- Neisser, U. & Winograd, E. & Bergman, E. T. & Schreiber, C. A. & Palmer, S. E. & Weldon, M. S. : 'Remembering the earthquake: direct experience vs. hearing the news', <Memory>, 1996, 337~357.

44. 선입견은 어떻게 생겨나는가 (선입견)

- Aronson, E. & Bridgeman, D. : 'Jigsaw groups and the desegregated classroom: In pursuit of common goals', <Personality and Social Psychology Bulletin>, 1979, 438~446.

- Aronson, E. & Wilson, T. D. & Akert, R. M. : 《Sozialpsychologie》, München, Pearson, 2008.

- Aronson, J. & Lustina, M. J. & Good, C. & Keough, K. : 'When White Men Can't Do Math : Necessary and Sufficient Factors in Stereotype Threat', <Journal of Experimental Social Psychology>, 1999, 29~46.

- Devine, P. G. : 'Stereotypes and prejudice: Their automatic and controlled components', <Journal of Personality and Social Psychology>, 1989, 5~18.

- Greenberg, J. & Pyszczynski, T. A. : 'The Effect of an Overheard Slur on Evaluations of the Target: How to Spread a Social Disease', <Journal of Experimental Social Psychology>, 1985, 61~72.

- Rogers, R. W. & Prentice-Dunn, S. : 'Deindividuation and anger-

mediated interracial aggression : Unmasking regressive racism',
<Journal of Personality and Social Psychology>, 1981, 63~71.

45. 남자와 여자가 말이 통하지 않는 이유 (커뮤니케이션 사각형)

• Schulz von Thun, F. :《Miteinander reden》, Berlin, Rowohlt, 2008.

• Watzlawick, P. & Beavin, J. H. & Jackson, D. D. :《Menschliche Kommunikation : Formen Störungen Paradoxien》, Bern, Huber, 2011.

46. 오래된 커플을 위한 권태기 극복법 (섹스 세러피)

• Clement, U. : 'Erotische Entwicklung in langjahrigen Partnerschaften',

  : Willi, J. & Limacher, B. :《Wenn die Liebe schwindet: Möglichkeiten und Grenzen der Paartherapie》, Stuttgart, Klett-Cotta, 2007.

• Clement, U. :《Guter Sex trotz Liebe : Wege aus der verkehrsberuhigten Zone》, Berlin, Ullstein, 2006.

• Willi, J. :《Psychologie der Liebe》, Stuttgart, Klett-Cotta, 2002.

47. 타인과 갈등에 빠지는 것을 피하려면 (동물행동학)

• Kappeler, P. :《Verhaltensbiologie》, Berlin, Springer, 2008.

• Wehnelt, S. & Beyer, P.-K. :《Ethologie in der Praxis : Eine Anleitung zur angewandten Ethologie im Zoo》, Fürth, Filander, 2002.

48. 창피한 상황을 재빨리 모면하는 법 (조명 효과)

• Gilovich, T. & Medvec, V. H. & Savitsky, K. : 'The spotlight effect in social judgement: An egocentric bias in estimates of the salience of one's own actions and appearance', <Journal of Personality and Social Psychology>, 2000, 211~222.

49. 성공하고 싶다면 반드시 알아야 할 것 (충동 조절)

- Mischel, W. & Ayduk, O. : 'Willpower in a cognitive-affective processing system: The dynamics of delay of gratification', : Baumeister, R. F Vohs, K. D.: 《Handbook of self-regulation: Research, Theory, and Applications》, New York, Guilford, 2004, 99~129쪽.

50. 여러 가지 일을 동시에 잘하는 법 (멀티태스킹)

- Paridon, H. : 'Irrglaube Multitasking', : <Arbeit und Gesundheit>, 2010, 12~13.
- Sayer, L. C. : 'Gender Differences in the Relationship between Long Employee Hours and Multitasking', : Rubin, B. A. : 《Workplace Temporalities》《Research in the Sociology of Work》), Bingley : Emerald, 2007, 403~435.
- Wasson, C. : 'Multitasking during virtual meetings', <Human Resource Planning>, 2004, 47~60.

51. 토론 논쟁에서 이기는 기술 (잠재 능력)

- Bumke, O. : 《Das Unterbewusstsein. Eine Kritik》, Berlin, Springer, 1926.
- Grunbaum, A. : 《The Foundations of Psychoanalysis: A Philosophical Critique》, Berkeley, California Press, 1984.

마음의 법칙

초판 1쇄 발행 2022년 2월 10일
초판 33쇄 발행 2024년 12월 16일

지은이 폴커 키츠, 마누엘 투쉬 **옮긴이** 김희상
펴낸이 김선준

편집이사 서선행
편집1팀 임나리, 이주영, 천혜진 **디자인** 엄재선
마케팅팀 권두리, 이진규, 신동빈
홍보팀 조아란, 장태수, 이은정, 권희, 유준상, 박미정, 이건희, 박지훈, 송수연
경영지원 송현주, 권송이, 정수연

펴낸곳 ㈜콘텐츠그룹 포레스트 **출판등록** 2021년 4월 16일 제2021-000079호
주소 서울시 영등포구 여의대로 108 파크원타워1 28층
전화 02) 332-5855 **팩스** 070) 4170-4865
홈페이지 www.forestbooks.co.kr
종이 (주)월드페이퍼 **인쇄** 더블비 **제본** 책공감

ISBN 979-11-91347-68-5 (03320)

㈜콘텐츠그룹 포레스트는 독자 여러분의 책에 관한 아이디어와 원고 투고를 기다리고 있습니다. 책 출간을 원하시는 분은 이메일 **writer@forestbooks.co.kr**로 간단한 개요와 취지, 연락처 등을 보내주세요. '독자의 꿈이 이뤄지는 숲, 포레스트'에서 작가의 꿈을 이루세요.